CATÉCHISME

ABRÉGÉ

DU BON CITOYEN,

PAR

P.-E. MUTRÉCY-MARÉCHAL,

ANCIEN ÉLÈVE
DE L'ÉCOLE POLYTECHNIQUE.

———

« La vérité sans crainte — sur tout et pour tous. »

Pour les pauvres, s. v. p.!

COSNE,

GOURDET, IMPRIMEUR-LIBRAIRE.

1849.

CATÉCHISME

ABRÉGÉ

DU BON CITOYEN,

PAR

P.-E. MUTRÉCY-MARÉCHAL,

ANCIEN ÉLÈVE DE L'ÉCOLE POLYTECHNIQUE.

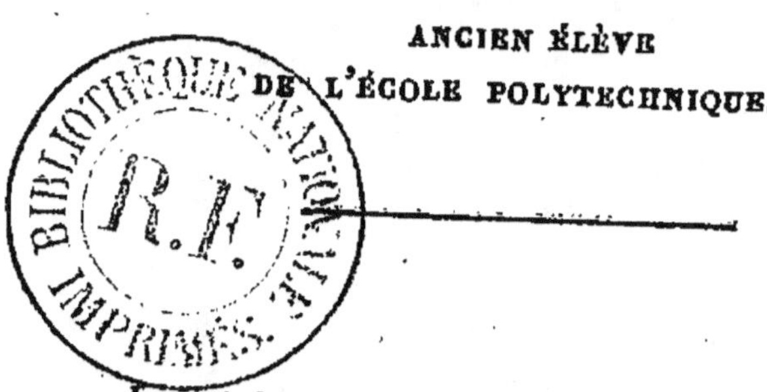

« La vérité sans crainte — sur tout et pour tous. »

Pour les pauvres, s. v. p. !

COSNE,

CHEZ GOURDET, IMPRIMEUR-LIBRAIRE.

1849.

I.

AVERTISSEMENT.

« Eclairer — Secourir. »

Pour les pauvres, s. v. p. !

La pensée de cet essai remonte au mois de juillet 1848 (1).

Depuis, il nous a fallu céder à d'autres préoccupations, et, pendant cet intervalle, l'écrit a été revisé et refondu.

Tel que le voici, ce n'est guère qu'une sorte d'esquisse ou de programme — notre cadre ne permettait rien de plus.

Quant au but :

1° Protester, du moins autour de nous, en faveur des notions simples, saines et honnêtes qui n'ont cessé de former le fond de notre ca-

(1) Transmis le 18 au Ministre de l'Instruction Publique. — Réponse 7 oct. portant regrets de n'avoir pas de fonds pour l'impression.

ractère national — mais que l'on met aujour-
d'hui un si coupable acharnement à tenter de
pervertir.

2° Remettre, *gratuitement*, ces notions
sous les yeux des hommes qui ne peuvent,
même la plus légère dépense — en intéressant,
par une destination charitable des profits de
l'œuvre, la générosité des personnes qui peuvent et veulent le bien (2).

Nous remercions ici ces dernières de leurs
confians encouragemens (3) — et surtout de
nous avoir rendu possible le moyen de propo-
ser, sur un point, un exemple qu'il serait
peut-être désirable de voir se propager.

Maintenant, est-il nécessaire de dire que
nous n'avons pas la prétention d'offrir des choses neuves, ni d'essayer, mal à propos, les
marques d'une science que nous ne possédons
pas.

Mais qu'il nous soit permis d'ajouter que
nous nous trouverons plus que récompensé,

(2) Si quelques bénéfices sont possibles, ils sont à
l'avance destinés au Bureau de Bienfaisance de Cosne.

(3) Le tirage a été de 2,000 exemplaires. — 1,790 de-
mandes ont été faites avant publication — même avant
toute communication quelconque. — La responsabilité
de ce qui est écrit nous concerne donc seul, et ne saurait
atteindre en rien nos souscripteurs engagés seulement
par leur bonne intention politique et le bien des pauvres.

si nous contribuons à appeler sur un sujet *grave*, et trop négligé, l'attention et les efforts d'hommes plus capables et plus dignes que nous.

C'est l'éducation populaire que nous avons en vue en nous exprimant ainsi.

Tous les citoyens sont appelés aujourd'hui à mettre un poids dans la balance des destinées de l'Etat. — N'est-il donc pas plus que temps, plus que nécessaire, que leur intelligence soit mieux cultivée — et que les principes qui doivent fructifier, leur soient rendus familiers, par les hommes, surtout, voués à la noble tâche de l'instruction — à quelque titre que ce puisse être.

C'est à ces derniers que nous dédions notre essai — en réclamant leur indulgence — et en nous en rapportant à leurs lumières pour les commentaires qu'ils jugeront utiles.

Cosne (Nièvre), 23 janvier 1849.

P. S. Au titre de la 1re annonce nous avons substitué, *sans autres changemens*, celui de : *Catéchisme abrégé du Bon Citoyen.*

Ce dernier représente plus exactement l'intention, le but et le contenu de l'ouvrage.

COSNE, GOUROIT, IMP.

« Je remercie les Dieux de ne pas être élu,
« puisqu'il existe à Sparte trois cents citoyens
» qui valent mieux que moi. »

Liberté Antique. — Le Spartiate.

« Je n'ai pas donné aux Athéniens les meil-
» leures des lois ; mais les meilleures qu'ils
» puissent supporter. »

Liberté Antique. — Solon.

« La vertu est le principe des républiques. »

Montesquieu.

« La liberté antique était fille de la vertu. —
» En conservant ce titre, la liberté moderne
» est en même temps fille des lumières. »

Chateaubriand.

« Liberté — égalité — fraternité
» religion — famille — propriété
» sont, dans la nature, la meilleure et la plus
» intime de l'homme — mais ne sont pas sans
» abus. »

Morale Républicaine.

« Les améliorations sociales, pour être fruc-
» tueuses et durables, doivent être l'effet du
» temps — et de remèdes justes, lents, néces-
» saires et pacifiques.

« Les récompenses, comme les peines ; doi-
» vent être prescrites partout dans les institu-
» tions de la république.

« Celle-ci ne doit que honte et secours de
» pitié au malheur mérité — respect et secours

» honorable à celui qui est le résultat de la
» seule fatalité — estime et gloire à la fortune
» bien acquise et bien employée. »

Morale Républicaine.

« Qu'est-ce que le tiers? — Rien.
» Que doit-il être? — Tout. »

Sieyès.

« N'espérez pas faire de République avec des
» citoyens qui n'aient que les vertus et les vices
» des monarchies.
» La tempérance — la sévérité des mœurs —
» le désintéressement — l'amour de la gloire,
» etc. — sont les principales vertus républi-
» caines. »

Morale Républicaine.

« J'ai vu les mœurs de mon temps..... »

Rousseau.

« Voulez-vous un civet?..... »

Louis XVIII.

II.

DE LA RÉPUBLIQUE EN GÉNÉRAL — ET DE SES VARIÉTÉS.

1. — *D.* Qu'est-ce que la république, en général?

R. Le gouvernement de plusieurs.

Le mot vient du latin — il signifie *chose publique.*

En général, on peut dire qu'un État est en république, lorsque le pouvoir n'est pas entre les mains d'un seul — dont les volontés fassent loi.

2. — *D.* Y a-t-il plusieurs espèces de républiques ?

R. Oui.

On a vu des républiques aristocratiques — démocratiques — marchandes — militaires — sacerdotales ou religieuses — parlementaires, etc.

Mais toutes rentrent dans l'une ou l'autre des quatre genres suivants :

Aristocratiques,

Démocratiques,

Parlementaires (dites aussi monarchies constitutionnelles),

Nationales.

3. — *D.* Dans les premières ?

R. Le pouvoir est entre les mains de l'aristocratie de naissance.

4. — *D.* Dans les secondes ?

R. Il est entre les mains du peuple proprement dit.

5. — *D.* Dans les troisièmes ?

R. Le pouvoir est partagé entre le roi et le parlement : mais, en réalité, il est pour sa plus grande partie, entre les mains des électeurs censitaires.

6. — *D.* Dans les quatrièmes ?

R. Il est entre les mains de la nation tout entière, sans distinctions de famille ni de fortune.

7. — *D.* Vous établissez donc une différence entre le peuple et la nation?

R. Il le faut, si l'on veut éviter une confusion dangereuse de langage.

Ainsi, lorsqu'on dit *l'aristocratie*, cela ne signifie pas la *Nation* — il doit en être de même de la *démocratie*.

Tandis que le mot *Nation* comprend l'une et l'autre.

8. — *D.* Qu'inférer delà par rapport à la république démocratique?

R. Qu'à moins du consentement national, très formellement exprimé par la nation elle-même, elle ne pourrait avoir lieu plus que ne le pourrait la république aristocratique, ou toute autre.

Parce que, autrement, elle ne serait qu'une usurpation par fraude ou violence — et au mépris du droit national — le plus réel, et le plus respectable de tous les droits.

Qu'enfin, dans ces données, elle serait promptement renversée comme l'ont été et doivent l'être toutes les usurpations tyranni-ques (4).

(4) Les soi-disant amis du peuple ont si long-temps et si cruellement abusé — et voudraient si bien abuser encore des mots : *peuple souverain*, — *souveraineté du peuple*, — *souveraineté populaire*, etc., qu'il n'est pas inutile que ses vrais amis, qui ne veulent ni le tromper, ni le flatter, lui disent que la juste égalité des droits de tous ne permet à personne — individus ou collections quelconques — de se croire maîtres dans l'État.

À la vérité, la constitution pose le principe démocra-

9. — *D.* Qu'entend-on par république démocratique et sociale ?

R. C'est bien pis — outre l'usurpation du principe démocratique, celle-ci veut encore l'association, *forcée*, des capitaux et de l'industrie — c'est-à-dire du patron et de ses ouvriers.

Ainsi, d'abord, point de travail sans association — ce qui constitue une première atteinte au travail lui-même et à la liberté.

En second lieu, si l'on imagine un établissement ainsi organisé, il marchera ou mal — ou bien.

Dans le premier cas, les ouvriers qui ont besoin de leurs journées pour vivre, les réclameront — mais ils ne les obtiendront qu'avec pertes, parce qu'ils devront subir celles de l'établissement.

Et de plus, ce capital soustrait journellement du fonds social, achèvera de paralyser et ruiner l'entreprise.

Si, par miracle, cette dernière marche passablement et temporairement bien — on ne peut accorder mieux ou plus.

Ce ne sera d'abord que par des moyens d'organisation les plus compliqués et les plus éventuels ;

Ensuite, il faudra encore payer journellement les ouvriers sur des rentrées qui se feront ou ne se feront pas : ou bien se feront.

tique — mais, quelques lignes plus loin, elle rectifie l'expression en définissant la souveraineté.

mal — et de-là , gêne, embarras, murmures — soustraction perpétuelle d'une part importante du capital actif pour lequel le chef de l'entreprise devra donc seul, ou à peu près, rester engagé — diminution des affaires ; attendu que ces dernières seront toujours proportionnelles au crédit ou au capital actif présumé — renvoi d'ouvriers pour cette cause — nouveau motif de diminution et discrédit, jusqu'à ce qu'enfin l'établissement soit anéanti.

Le socialisme n'est qu'un communisme modifié qui conduit au communisme complet, par des voies désastreuses, tyranniques et d'ailleurs malhabiles. — De plus, ses adeptes professent les maximes les plus impies, telles que : la propriété, c'est le vol, la famille, c'est le vice, Dieu, c'est le mal.

10. — *D*. Connaît-on beaucoup d'exemples de républiques nationales ?

R. Aucun.

Les États-Unis pourraient cependant faire exception, s'ils avaient eu le courage et la gloire d'abolir l'esclavage.

Dans les temps anciens ou modernes, les républiques, par leur principe ont toujours été aristocratiques ou démocratiques — quelquefois l'une et l'autre ensemble, à des degrés variables.

Toutes ont péri — Les peuples y ont perdu leur nationalité.

11. — *D*. Quel est le principe le plus juste des quatre systèmes de républiques ?

R. Celui de la république nationale.

Son but ne saurait être l'intérêt de telle ou telle partie de la nation — mais bien de la nation tout entière.

12. — *D.* Quelle république admettez-vous?

R. La république nationale.

III.

DES FACTIONS ET DES CONSPIRATIONS — DES AMIS ET DES ENNEMIS DU PEUPLE.

13. — *D.* Quelles sont les causes qui, dans ce moment, rendent l'établissement de la république difficile?

R. Les factieux et les conspirateurs. C'est-à-dire les Terroristes, (5)
          — Communistes,
          — Socialistes,
          — Phalanstériens,

(5) C'est un grand honneur pour notre siècle d'avoir imaginé tant et de si belles choses, que nul génie humain n'avait encore pu enfanter. — la gloire en est d'autant plus grande que d'ailleurs nous ne vivons pas à une époque où les génies abondent.

Pour les personnes qui ne peuvent ou ne veulent étudier à fond ces rares conceptions, une réflexion suffit.

Les hommes de foi et de conscience sérieuse agissent surtout par l'exemple, et sacrifient tout à leur foi — en se gardant de troubler ni d'affliger l'État.

— Saints-Simoniens.

tous anarchistes — habiles à faire le mal — incapables pour faire le bien.

14. — D. N'accuse-t-on qu'eux?

R. On accuse encore les royalistes — et les

C'est ainsi qu'ont fait les chrétiens — à l'origine, et plusieurs siècles ensuite — après, on les a vus chercher le désert — et enfin, vivre en communautés religieuses, jusqu'à la destruction des couvents et des ordres — aujourd'hui encore, c'est ainsi qu'ils agissent, lorsqu'ils se vouent à l'instruction gratuite, ou bien au service des pauvres et des malades.

Les Saints-Simoniens, malgré leurs erreurs, ont au moins compris cette vérité de l'action par l'exemple. — L'expérience n'a pas réussi — encore ont-ils eu la sagesse de se mettre moins en avant depuis ; de prêcher et d'intriguer moins.

Qu'ont fait de pareil les Phalanstériens, Communistes, Socialistes ? — Rien.

Où sont leurs œuvres ? — Dans le sang qu'ils ont fait couler — dans des livres et des journaux publiés au profit de leurs auteurs.

Où sont les marques, autres que leurs discours anarchiques et pervers, qui déposent de la foi, du désintéressement, de l'abnégation de ces nouveaux et singuliers apôtres ? — Nulle part.

Nous nous trompons, ces sectaires ont continué de bien vivre, de s'enrichir par leurs dupes. — Ils se sont gardé de la folie de sacrifier aucune portion de leur bien-être — et croient être de grands hommes, parce qu'ils ont désorganisé l'État tout en montrant leur honteuse impuissance de réorganisation.

Pourquoi donc 5 ou 600,000 brouillons s'arrogent-ils impitoyablement le privilége d'attrister 5 à 6,000,000 de leurs compatriotes qui ne veulent pas d'eux — et que ne vont-ils dans les forêts de l'Amérique, en gens de cœur et de foi, réaliser leurs rêves ?

constitutionnels ou parlementaires, que l'on désigne sous le nom de réactionnaires.

15. — *D*. Sont-ils coupables ?

R. Oui, lorsqu'ils agissent à la manière des conspirateurs.

Non, lorsqu'ils se bornent à l'usage des droits et des libertés garanties par la république.

16. —*D*. Expliquez les distinctions que vous établissez dans l'opposition en général ?

R. Lorsque l'opposition est personnellement désintéressée, qu'elle ne mène pas à la guerre civile ou au désordre — et qu'elle respecte la loi.

Il faut la ménager, alors même qu'elle serait peu clairvoyante.

Si, consciencieusement, elle n'a pour but que l'amélioration du gouvernement par des moyens pacifiques — il faut la respecter et la plaindre, si elle fait erreur.

Dans ce dernier cas, elle est louable et estimable, lorsqu'elle est éclairée.

Enfin, elle est coupable lorsqu'elle tend sciemment et systématiquement au désordre et à la guerre civile par le mensonge et le mépris de la loi et du pouvoir.

Alors, il faut l'assimiler à une odieuse conspiration permanente.

17. — *D*. Vous flétrissez les conspirateurs ?

R. Tant que la république fera respecter les

libertés publiques — sagement réglementées — sur lesquelles elle est fondée.

Les conspirateurs — quels qu'ils soient — seront des criminels.

18. — *D*. Quels sont les moyens ordinaires des conspirateurs?

R. Flatter le peuple, le corrompre, le tromper — et faire tourner sa force souvent aveugle au profit de leur ambition.

Agir par des moyens secrets et des sociétés secrètes.

Les flatteurs du peuple sont plus menteurs — et plus méprisables que ceux des rois.

19. — *D*. Quelle est la faction qui semble dominante?

R. Le communisme et le socialisme.

20. — *D*. Que veut le communisme?

R. Le partage des biens — c'est-à-dire le vol et l'abolition de la propriété — ainsi que celle de la famille.

21. — *D*. Quels moyens?

R. Le pillage et la guerre civile.

Et puis, peu après il faudrait recommencer, parce que les institutions que l'on voudrait tenter tomberaient promptement dans le mépris — et seraient vitement méconnues.

22. — *D*. Les autres sectes diffèrent-elles beaucoup de celle-ci?

R. Peu — toutes couvrent leurs projets sinistres d'un manteau décevant.

Excepté les terroristes, qui, sans formuler précisément de système, ramèneraient l'échafaud, les assignats, la banqueroute.

23. — *D.* Qui peut rendre redoutables les partis malfaisants — leur ensemble ne forme qu'une faible minorité ?

R. Leurs doctrines insensées et violentes, qui égarent les esprits peu éclairés — ou les consciences chancelantes — en flattant surtout chez l'homme en proie aux besoins, les instincts pervers de l'humanité.

Leur énergie — leur activité — leur audace, qui ne recule devant aucuns moyens, ni même aucuns crimes.

Leur art de se discipliner et de se réunir — sauf ensuite à se diviser — et se déchirer après la victoire.

24. — *D.* Qui fait la faiblesse des partis sages et modérés ?

R. Le sentiment de leur force — de leurs intentions d'ordre et de paix — de leur droit.

Lequel les entretient dans une fatale indifférence — leur horreur du sang et des moyens criminels — leur apathie.

25. — *D.* Quels sont les vrais amis du peuple ?

R. Ceux qui lui veulent le plus de bien par de sages moyens — et lui en font le plus par leur parole sensée, et par leurs bonnes actions ;

— Qui ne le trompent jamais ,

— Qui lui inspirent le plus de sentimens honnêtes — de courage et de résignation ; puisque l'amélioration de son sort ne peut être que le fruit du temps, de la paix, de l'ordre et du travail,

— Qui le louent sans emphase ni flagornerie lorsqu'il fait bien,

— Qui lui résistent et le blâment sans peur lorsqu'il fait mal.

IV.

ÉCLAIRCISSEMENTS PRÉALABLES SUR QUELQUES MAXIMES COURANTES.

26. — *D*. Que doit-on penser de cette maxime, établie par quelques-uns ?

« *Tout pour* — *et par* le Peuple ? »

R. Si par le peuple on entend la nation tout entière, la règle est bonne ; mais inutile. — Si l'on n'entend qu'une partie de la nation, elle est mauvaise.

27. — *D*. Pourquoi ?

R. Parce que le peuple, quelque nombreux qu'il soit, et quelqu'intérêt qu'il puisse réclamer, n'est pas la nation tout entière.

Et parce que la maxime soumet à la portion la moins instruite et la moins capable de la nation, celle qui l'est le plus.

28. — *D*. Dans quel but cette règle a-t-elle donc été proclamée ?

R. Pour tromper et flatter le peuple, au profit de l'ambition de ses faux amis.

Tout ce qui est contraire à la vérité et à la justice est contraire à l'intérêt du peuple lui-même.

29. — *D.* Quelle était l'opinion de Napoléon ?

R. « *Tout pour* le peuple — *rien par* le peuple. »

30. — *D.* Est-elle exacte et juste ?

R. Non.

Napoléon aimait le peuple ; mais s'en défiait trop.

Le peuple n'est pas la nation tout entière — On ne peut donc pas faire tout *pour* lui.

D'un autre côté, en ne fesant rien *par* lui, pas même ce que son bon sens, sa droiture et son degré de lumières lui permettent de faire, on le soumet injustement, à son tour, au reste des citoyens, contre les intrigues, l'ambition, l'égoïsme et la cupidité d'un grand nombre, desquels il n'est pas alors suffisamment défendu.

31. — *D.* Que disent les Saints-Simoniens ?

R. « *Toutes* les institutions doivent avoir
» pour but l'amélioration physique, morale et
» intellectuelle de la classe la plus nombreuse
» et la plus pauvre. »

32. — *D.* Qu'en penser ?

R. Il ne faut nier ni éluder, dans des termes possibles, rien de ce que réclame l'intérêt de la classe la plus nombreuse et la plus pauvre — mais on ne saurait dire que *tout* doit être fait pour elle, puisque, encore une fois, elle n'est pas la nation *tout entière*.

D'ailleurs, la maxime semblerait impliquer, entr'autre, que la moralité de la classe qui n'est ni la plus nombreuse, ni la plus pauvre, est assez peu reprochable pour n'exiger rien de la part des institutions.

Or, ce serait une forte erreur.

33. — *D*. Que disent encore les Saints-Simoniens ?

R. « A chacun selon sa capacité — à chaque » capacité selon ses œuvres. »

34. *D*. — Quelles observations ?

R. Lorsqu'il ne s'agit que d'œuvres matérielles — ou de toutes celles qui ne dépendent uniquement que de la connaissance, ou de l'intelligence des arts et des sciences — la maxime est vraie.

Mais lorsqu'il est question d'affaires — et notamment d'affaires publiques — il faut que le mot *capacité* signifie non-seulement talents et habileté ; mais encore moralité (6).

35. — *D*. Peut-on citer quelques autres maximes ayant cours, ou tirées des doctrines nouvelles ?

R. Nous n'en connaissons pas qui méritent cet honneur.

(6) Aux États-Unis : les fonctionnaires..... même le président, sont révocables pour cause d'*inconduite* (mot textuel).

V.

PRINCIPE DE LA RÉPUBLIQUE.

36. — *D.* Quel est le principe de la république?

R. Liberté — Égalité — Fraternité.

37. — *D.* N'y a-t-il pas deux sortes de libertés ?

R. Oui.

La liberté naturelle, la liberté sociale ou politique.

38. — *D.* La première ?

R. Consiste à pouvoir faire tout ce qui se trouve dans la volonté de l'homme, et dans la mesure de ses forces physiques et intellectuelles.

C'est la liberté du sauvage, dans l'état d'isolement, ou mieux, celle de la bête.

39. — *D.* La deuxième ?

R. N'est qu'une restriction de la précédente — suivant l'état de la société dont l'individu fait partie — et son degré de civilisation.

Ceci nécessite des développements fournis plus loin.

40. — *D.* Tous les hommes sont-ils égaux ?

R. Non — ils diffèrent en mérite, vertu, force, richesse, etc.

41. — *D.* Qu'est-ce donc que l'égalité ?

R. Ce mot ne doit s'entendre que dans le sens de la liberté. — Ainsi, tous les hommes sont *également* libres dans l'exercice des droits que la société leur confère — tous égaux devant la loi — sans privilège pour personne.

42. — *D.* Qu'est-ce que la fraternité ?

R. Un principe divin du christianisme, qui n'a pas besoin de commentaires autres que ceux de l'évangile.

Les hommes sont tous frères — parce qu'ils sont tous enfants du même Dieu, leur père commun.

43. — *D.* Les principes sociaux de la république, et leurs conséquences exactes. ne sont-ils pas nécessaires dans tous les États ?

R. Plus ou moins — mais leur observation rigoureuse est obligatoire dans ce dernier gouvernement.

Car. sous tout autre, si le pouvoir est mauvais, la nation peut être bonne — ou si la nation est mauvaise, le pouvoir peut être bon.

De sorte qu'il existe ordinairement une chance au moins de salut public.

Tandis qu'en république, la nation et le pouvoir ne font qu'un — et sont toujours bons ou mauvais ensemble.

VI.

DE LA LIBERTÉ SOCIALE, OU POLITIQUE.

44. — *D*. Si la liberté sociale ou politique n'est, comme vous l'avez dit, qu'une restriction nécessaire de la liberté naturelle, quelle doit être sa limite?

R. Celle-ci est variable, suivant les besoins, l'état des lumières — et celui de la civilisation de la société.

Ainsi, par exemple, le degré de la liberté américaine ne saurait convenir à la Russie.

Lorsque la limite en question n'est pas atteinte — ou bien si elle est dépassée — la société est en péril.

Et comme la loi la plus puissante — pour les individus comme pour les collections d'individus — est la vie et la conservation,

Comme d'ailleurs, les progrès des sociétés sont assurés par le seul fait de leur existence,

On peut dire que la limite de la liberté politique doit rester subordonnée au bien et à la conservation de l'État, dans les situations successives où il se trouve.

45. — *D*. Oui — Mais les progrès dont vous parlez sont quelquefois bien lents?

R. C'est la loi imposée par Dieu à l'humanité.

Que dirait-on du médecin qui tuerait son malade, sous prétexte de l'amener plus vite au degré de santé et de bien-être où il voudrait le voir parvenir ?

L'éducation du peuple ne se fait que lentement — et, à cette condition seule, elle est bonne.

Voilà bien des siècles que la tradition ou l'histoire existent — quelles sont les nations arrivées au point de civilisation et de liberté qui semble devoir être le terme des efforts des sociétés humaines !

46. — *D.* Qui, dans un État libre, détermine la nature du gouvernement ?

R. La Nation.

47. — *D.* Qui détermine sa forme — l'espèce et l'étendue des droits des citoyens ?

R. La constitution proposée par les délégués de la Nation, formés en assemblée nationale — soumise à la nation et acceptée par elle.

48. — *D.* Quelles sont les principales libertés particulières sur lesquelles est établie la liberté sociale, publique et politique ?

R. La liberté des élections,

Celle de la presse ;

Le droit de pétition — ceux de réunion et d'association ;

La liberté religieuse — celle de l'enseignement ;

Mais toutes doivent être diversement et sagement réglementées, parce que autrement elles seraient autant d'instrumens de désordre et d'anarchie qui conduiraient l'État à sa perte.

VII.

DES ÉLECTIONS.

49. — *D*. Comment se manifeste la volonté — ou la souveraineté nationale ?

R. Par les élections — et le suffrage universel.

50. — *D*. Quel est le but des élections ?

R. La nomination de citoyens à des fonctions qui n'exigent pas précisément de spécialités déterminées — mais qui nécessitent des connaissances et des talents à divers degrés — et surtout un caractère respectable.

Telles que : Président de la république,
Membres de l'assemblée — ou des assemblées nationales,
Membres des conseils généraux de départements ;
Telles que : Membres des conseils municipaux,
Officiers de la garde nationale.

51. — *D*. Pourquoi cette restriction, *de* l'Assemblée ou *des* Assemblées nationales ?

R. Parce que bien que la constitution n'admette qu'une seule assemblée, il paraîtrait évidemment préférable d'en avoir deux,

Conformément à l'expérience de tous les temps et de tous les pays.

52. — *D*. Comment s'exerce le suffrage universel ?

R. Directement — mais il serait à souhaiter qu'il eut lieu de deux manières.

Savoir : directement pour les membres des conseils généraux et municipaux, ainsi que pour les officiers de la garde nationale.

Par délégations pour les membres de l'assemblée nationale.

Et pour le Président de la république.

Il faudrait, pour ces derniers cas, choisir au suffrage universel un certain nombre de délégués — c'est-à-dire d'électeurs par chaque commune — et ces délégués, réunis par départements, nommeraient ensuite aux fonctions dont il s'agit (7).

53. — *D*. Pour combien de temps est nommé le Président de la république ?

R. Quatre ans — mais cette période est beaucoup trop courte pour la paix et la tranquillité de l'État — ainsi que pour la suite, qui doit être mise dans la conduite des affaires publiques (8).

(7) La Constitution américaine admet deux degrés pour la nomination du Président — elle n'en admet qu'un pour les membres du Congrès — Mais on peut dire que quoique plus jeune, il y a mieux à attendre de la sagesse de la nation américaine que de celle de la nation française — ce qui ne préjuge d'ailleurs rien sur les autres qualités de cette dernière.

(8) Le Président des États-Unis n'est nommé que pour

54. — *D.* Les trois modifications que vous venez d'indiquer touchant l'assemblée nationale — le suffrage universel — le Président — sont-elles possibles?

R. Sans doute, puisque la constitution étant sujette à révision, on peut dès-lors appeler à l'avance les méditations du législateur sur cet objet.

55. — *D.* Quel est le devoir du citoyen dans la désignation des Membres de l'assemblée — ou des assemblées nationales?

R. Il doit voter avec une conscience nette — en connaissance de cause — sans peur ni faiblesse — Dans le seul intérêt de l'État.

En se gardant de toutes influences de localité, d'amitié ou de famille — à plus forte raison de toutes autres influences corruptrices et coupables;

Car le bien de telle famille ou localité, est plus souvent nuisible, comme chose injuste et exceptionnelle, qu'utile au bien de l'État.

Tandis que le bien général de celui-ci fait le bien de tous.

D'ailleurs la gloire, l'honneur, la fortune de la France sont dans sa représentation — on ne doit donc nommer que les hommes les plus distingués par leurs talents et leurs vertus.

quatre ans, mais la nation américaine se trouve dans d'autres données que la nation française — et d'ailleurs, nous avons déjà touché aux motifs pour lesquels cet espace de temps est insuffisant pour nous.

56. — *D.* Quels sont les meilleurs députés ?

R. Ceux qui aiment leur pays avec le plus de désintéressement,

Les plus intègres ;

Ceux qui ont le plus de sagesse et de prudence — le plus de lumières et de justice ;

Ceux qui ont le plus d'expérience des hommes et des affaires publiques — avec le plus de jugement ;

Ceux qui ont l'instruction la plus solide — la plus mûre — la plus étendue ;

Ceux qui ont le plus de courage et de fermeté contre le mal et pour le bien — enfin, qui sont le mieux dégagés de toutes influences de personnes, de lieux et de partis — pour n'être sensibles qu'à l'intérêt public.

57. — *D.* Ces conditions sont difficiles — comment donc expliquer la foule des concurrents ?

R. Par leurs passions aveugles ou étroites — leur ambition insuffisamment justifiée — leur extravagance ou leur incapacité — leur mépris du bon sens et des lumières des électeurs ;

En un mot, par le défaut de sentiment de l'importance du mandat qu'ils *quêtent.*

58. — *D.* Comment distinguer les meilleurs candidats ?

R. Ceux-ci font ordinairement le moins de démarches — n'intriguent pas — ne font pas de promesses menteuses, insensées ou corruptrices — et se gardent pour eux de la honte, et pour les autres de l'affront, de jamais répandre d'argent.

Leur vie publique est bonne et connue — même leur vie privée — leurs talents ne doivent pas être ignorés.

On cherche les candidats de cette espèce plus qu'ils ne s'offrent — c'est le contraire des autres.

59. — *D.* Les mêmes soins sont-ils nécessaires pour les membres des communes — et pour ceux des conseils généraux de départements ?

R. Non, mais il est indispensable de choisir dans chaque lieu, les hommes les plus capables, et du caractère le plus honorable.

60. — *D.* Et pour les officiers de la garde nationale ?

R. Les conditions d'intelligence et de respectabilité sont encore nécessaires.

Les anciens militaires, qui ont fourni leur carrière avec honneur, doivent être naturellement préférés.

61. — *D.* En quoi consiste la liberté des élections ?

R. A pouvoir donner son suffrage suivant sa conscience et ses lumières, sans avoir à redouter l'oppression ou la vengeance de qui que ce puisse être.

Ni sans pouvoir espérer les faveurs de personne.

VIII.

DE LA PRESSE — DU DROIT DE PÉTITION — DE CEUX DE RÉUNION ET D'ASSOCIATION.

62. — *D.* En quoi consiste la liberté de la presse ?

R. Dans la possibilité d'imprimer et de publier tout ce qui n'est pas réprimé par la loi écrite.

Mais si l'on veut s'exprimer plus généralement, il faut changer la question et traiter de *la libre expression de la pensée.*

63. — *D.* Pourquoi ?

Parce que la pensée s'exprime aussi bien par le discours — les arts du théâtre — ceux du dessin, c'est-à-dire de la gravure, de la peinture et de la sculpture — que par la voie de l'impression ou de la presse proprement dite.

64. — *D.* Quel doit être le but — et quel est le devoir de la libre expression de la pensée ?

R. 1° Instruire dans les sciences, les arts, l'industrie — et toutes les connaissances nécessaires :

2° Faire aimer la vérité, le beau et le bien en toutes choses — c'est-à-dire, la vertu, la religion, la patrie, la famille, etc.

3° Amuser utilement.

65. — *D.* Ce but est-il toujours atteint — ce devoir est-il toujours rempli?

R. Il s'en faut de beaucoup — et l'on doit diviser les hommes qui livrent leur pensée au public en deux classes bien distinctes.

66. — *D.* Les premiers?

R. On peut les nommer les artisans, les apôtres ou les génies du bien.

On doit les respecter.

67. — *D.* Les seconds?

R. On ne peut les désigner que sous le titre d'empoisonneurs publics — ou génies du mal.

Ils sont d'autant plus méprisables que l'intérêt qui les guide est celui seul de l'argent et du désordre, dont ils espèrent tirer parti.

68. — *D.* En jugeant ces derniers avec cette sévérité, vous n'avez nul égard pour le talent?

R. Doit-on mieux estimer le poison, parce qu'il est plus subtil? — le voleur, parce qu'il est plus adroit et plus audacieux? — l'assassin, parce qu'il a mieux le courage du crime?

D'ailleurs, le talent du mal est bien plus facile que celui du bien — il n'exige aucunes de ces études sérieuses que repousse la paresse — l'un flatte les penchans vicieux — l'autre les réprime.

Aussi les mauvais ouvrages sont-ils bien plus accueillis et plus abondants que les bons.

Combien de pernicieux contre un petit nombre d'estimables!

69. — *D*. Comment les mauvaises publications sont-elles nuisibles ?

R. En attentant aux bonnes mœurs privées ou publiques — et à la religion.

70. — *D*. Comment cela ?

R. *Pour les mœurs*, en s'efforçant de rendre ridicule, même méprisable, tout ce que la religion, la morale, les lois enseignent à respecter.

Ceci est ordinairement le but des mauvais romans, des mauvaises pièces de théâtre, des mauvaises gravures, etc.

Au point de vue politique, en poussant au désordre, à l'anarchie, aux bouleversements sociaux, par le mensonge, la calomnie, l'irritation des passions aveugles, violentes et brutales — enfin, par la propagande des théories insensées proposées à l'ignorance.

Ceci est ordinairement l'œuvre des auteurs et pamphlétaires sans lumières ni conscience, de peu de talents réels et solides, dont le dévergondage a besoin d'argent — ou bien, pour les ouvrages de gravures, etc., des artistes médiocres, pas plus estimables que les écrivains dont nous venons de parler.

71. — *D*. Quels moyens de répression ?

R. La loi — trop souvent impuissante ;

Le jugement du public honnête et sage — mais aussi trop souvent indulgent, indifférent, ou peu clairvoyant — et de trop peu d'influence.

De sorte que l'on peut dire que la société n'est pas suffisamment défendue contre les dangers des mauvaises publications.

72. — *D*. Ne pourrait-on imaginer de meilleures garanties?

R. Cela serait difficile — toutefois, en laissant toutes libertés pour le bien, la loi pourrait être plus sévère contre le mal et les malfaiteurs.

Ceux-ci sont plus dangereux que les hommes qui s'attaquent aux personnes ou à leur bien — car c'est au cœur et à l'esprit qu'ils s'attaquent.

Peut-être pourrait-on essayer d'un jury d'avertissement, choisi au sort parmi les hommes les plus éclairés et les plus estimés — renouvelé tous les trois ou six mois.

Nul ouvrage ne pourait être publié avant d'avoir été soumis à ce jury.

Celui-ci n'aurait d'autre mission que de consigner sur l'ouvrage une opinion qui accompagnerait chaque exemplaire de publication,

Et qui serait résumé dans les simples termes suivants :

« Utile — ou blamable — ou dangereux, au « point de vue moral. »

« Utile — ou blamable — ou dangereux, au « point de vue politique. »

Après quoi, l'auteur publierait sous la responsabilité de sa considération personnelle — et au risques et périls de toutes poursuites judiciaires.

73. — *D*. Qu'est-ce que le droit de pétition ?

R. Celui qui laisse à tous, la faculté de faire tenir à qui il convient, l'exposé de leurs griefs, réclamations ou propositions.

Cet exposé doit toujours se produire par écrit — il peut être individuel ou collectif.

74. — *D*. Peut-il être exercé directement dans le cas de collectivité ?

R. Jamais.

Si la pétition est fondée en droit, à quoi bon les démonstrations turbulentes ou menaçantes ? — Si elle ne l'est pas, ces démonstrations deviennent factieuses.

Elles n'ont donc jamais pour but que d'intimider ou de tenter d'intimider le pouvoir, dont le devoir est alors de les repousser par la force.

Une pétition — quelques nombreuses que soient les signatures, ne peut être présentée que par un individu — ou bien par une faible délégation.

75. — *D*. Le droit de réunion ?

R. Consiste dans la possibilité de se réunir publiquement pour traiter d'affaires publiques ou autres — dans un lieu fermé ou bien ouvert — sans armes.

Et sous les conditions légales, nécessaires, pour la conservation de l'ordre, de la sécurité ou de la tranquillité publiques.

76. — *D*. Le droit d'association ?

R. L'association peut avoir pour objet un intérêt de commerce ou d'industrie — d'art ou de science, etc., trop légitime pour qu'il soit nécessaire de s'y arrêter ici.

Si elle a un but politique, il est alors plus que nécessaire que ses statuts soient connus, autorisés, et que les réunions soient publiques — avec les autres conditions applicables au droit de réunion.

77. — *D*. Que dire des sociétés secrètes ?

R. Que les hommes qui veulent le bien ne se cachent pas — et que ceux qui se cachent, sont des lâches ou des hypocrites, qui sous prétexte de bien, ne veulent que le mal.

78. — *D*. Vous proscrivez les armes partout ?

R. Les affaires publiques doivent toujours se traiter pacifiquement — par la seule autorité du droit et de la raison.

Les moyens violents n'appartiennent qu'aux factieux et aux conspirateurs — ils doivent être réprimés par la force publique — sans quoi, le gouvernement manque au premier de ses devoirs.

La force n'appartient qu'à la Nation — le gouvernement est délégué pour en faire usage afin de faire observer et respecter la loi.

Dans une république ancienne, la loi portait peine de mort contre tout citoyen qui se présentait armé aux assemblées publiques, ne fut-ce que d'un bâton.

IX.

DE LA RELIGION — ET DE L'ENSEIGNEMENT.

79. — *D.* Comment la religion est-elle nécessaire à la République ?

R. La force principale d'une République est dans la moralité politique et privée des citoyens.

Cette moralité ne pourrait exister sans religion.

On ne saurait citer d'ailleurs nulle société humaine sans religion.

On a dit, avec raison, « l'homme est un animal religieux. »

Les républiques anciennes ou modernes ont été d'autant plus prospères qu'elles ont été plus religieuses.

Les Anglais, sans être républicains, jouissent de beaucoup de liberté — ils sont éminemment religieux.

Les Américains plus encore.

Un défenseur célèbre de la liberté (9), accusait d'extravagance les Français qui, disait-il, « prétendent à la république et n'ont pas de religion. »

80. — *D.* Quelle est la religion la plus favorable à la République ?

R. La religion chrétienne : l'évangile est le meilleur des codes républicains.

(9) O'Connel.

81. — *D*. Comment cette religion a-t-elle donné lieu à des préventions contraires ?

R. Par des abus humains — fort exagérés à dessein — mais qui n'existent plus.

82. — *D*. Les autres religions doivent-elles rester libres ?

R. Sans doute, et, de plus, honorées et respectées :

Toutes enseignent et commandent la morale et la vertu.

83. — *D*. Les ministres religieux sont-ils aptes aux affaires publiques ?

R. Plus que beaucoup d'autres citoyens — surtout dans l'intérêt religieux.

Et parce que, plus instruits et plus éclairés, ils sont mieux disposés à rappeler les hommes à la paix et à la sagesse.

84. — *D*. Où rencontre-t-on le plus ordinairement les philosophes, philanthropes, réformateurs, etc., et tous les prétendus amis du peuple ou bienfaiteurs de l'humanité ?

R. Dans les salons, les théâtres, les festins, les clubs — chez les riches et les puissans — dans les antichambres du pouvoir, dans les grandes villes où abondent les moyens d'intrigues et de plaisirs ;

Peu dans les émeutes et rébellions, qu'ils se contentent de fomenter et de diriger sans se faire trop connaître.

85. — *D*. Où rencontre-t-on ordinairement les religieux ?

R. Dans les villages, près des pauvres et des malades — dans les églises, où ils enseignent gratuitement — dans les hôpitaux, les prisons, même les bagnes, où ils consolent, moralisent et entretiennent ou font renaître l'espérance... enfin dans les contrées éloignées et barbares, où, au prix de leur sang et de leurs souffrances, il appellent les hommes à l'Evangile.

86. — *D*. Qu'est-ce que la morale?

R. La règle des mœurs prescrites par la religion.

87. — *D*. Qu'entendez-vous par les mœurs?

R. Les habitudes de la vie publique et privée.

88. — *D*. En quoi consistent les bonnes mœurs publiques?

R. Dans le respect et l'observation des lois divines et humaines — et dans l'exact accomplissement de tous les devoirs qu'elles prescrivent.

89. — *D*. Les bonnes mœurs privées?

R. Dans le respect et l'observation des devoirs particuliers de la société — et notamment dans celle des devoirs de famille. de probité, de justice. etc.. ainsi que dans l'amour du travail, qui mène au bien et garantit de tous les vices.

90. — *D*. Ne peut-on pécher par les mœurs, et rendre cependant d'utiles services à l'Etat?

R. Oui ; mais on n'est alors qu'un citoyen douteux.

La constitution de l'an III (1795) dit : « Nul n'est bon citoyen, s'il n'est bon fils, bon père, bon frère, bon ami, bon époux. »

Un citoyen, dont les mœurs sont désordonnées, ne possède pas ordinairement une conscience politique pure — il est toujours prêt à sacrifier tout aux passions qui le dominent.

La république a plus besoin de citoyens inébranlablement bons, que de quelques citoyens plus ou moins habiles, qui ne lui soient que passagèrement utiles, et soient souvent un danger pour elle, en même temps qu'ils sont toujours d'un exemple funeste.

91. — *D.* Que doit être l'enseignement en général ?

R. Religieux — moral — intellectuel — physique et professionnel.

Et, pour ce qui regarde les trois premiers points, public — national — et forcé ; sous peine au moins de la perte de certains droits politiques.

92. — *D.* Est-il donc si nécessaire que les citoyens soient instruits et éclairés ?

R. Sans cette condition ils ne sauraient bien remplir leurs devoirs publics — ils resteraient exposés à n'exercer leurs droits que contrairement à l'intérêt de l'État — et seraient livrés aux obsessions des hypocrites, des intrigants, des ambitieux, etc., ainsi qu'aux erreurs dangereuses de toutes théories menteuses et coupables.

93. — *D.* Par qui, et comment döit être donnée l'éducation religieuse?

R. Par les ministres de la religion.

Les élémens en étant ainsi administrés gratuitement, dès l'enfance, il est nécessaire que les parens en offrent l'exemple, et veillent à ce que cette éducation soit d'ailleurs profitable.

Ensuite elle doit être continuée toute la vie, et de plus, pratiquée.

94. — *D.* Et l'éducation morale?

R. Elle doit être principalement donnée par les bons exemples, et les conseils salutaires de la famille.

Il faut, en outre, qu'on la retrouve partout — et surtout près des hommes qui, à quelque titre et à quelque degré que ce soit, sont voués à la noble tâche de l'instruction de la jeunesse.

95. — *D.* Qu'est-ce que l'enseignement intellectuel?

R. Il consiste dans la connaissance plus ou moins avancée des choses nécessaires, pour utiliser ensuite l'intelligence de chacun suivant sa destination;

Et il doit être terminé par les notions politiques, élémentaires au moins, indispensables pour l'exercice des droits et l'accomplissement des devoirs imposés par la loi.

96. — *D.* Comment cet enseignement peut-il être donné?

R. Par des établissements publics ou privés, ou par des maîtres particuliers.

97. — *D.* Qu'est-ce que l'éducation professionnelle, et par qui doit-elle être distribuée?

R. Elle consiste dans l'instruction nécessaire pour exercer une profession.

Il faut distinguer celles des arts mécaniques ou métiers, de celles qui exigent que la culture de l'intelligence ait été poussée à un ou deux degrés, etc., au-dessus de l'instruction primaire, et que l'on pourrait nommer l'éducation professionnelle supérieure.

La première est ordinairement donnée par les maîtres d'états — gratuitement — c'est-à-dire, qu'elle n'entraîne que le sacrifice d'une partie du temps de l'apprenti lorsque celui-ci est suffisamment avancé.

La seconde concerne les établissements spéciaux, comme les écoles de droit, de médecine, etc.

98. — *D.* Qu'entendez-vous par l'éducation physique?

R. Elle consiste dans l'habitude des soins nécessaires pour l'entretien du corps : c'est-à-dire, des habitudes qui procurent et conservent la santé, la beauté, la force ou l'adresse.

Elle ne peut avoir lieu que par le moyen de la surveillance de la famille — ou bien des hommes auxquels est confiée la jeunesse.

Pour ce qui concerne la *gymnastique*, elle devrait être enseignée dans *tous* les établissements publics, sans exception.

Au moins serait-il nécessaire que, de bonne heure, on apprît aux jeunes gens à se servir du fusil, l'arme la plus ordinaire, et dont l'usage est nécessaire, ne fût-ce que pour l'accomplissement des devoirs de garde national.

99. — *D*. Que doit-on penser de la liberté de l'enseignement ?

R. Qu'elle est bonne en soi, puisque l'éducation des enfans ne saurait être confiée aux hommes ou aux établissements qui n'auraient pas la confiance des familles.

Mais qu'en même temps cette liberté ne peut être l'objet d'une surveillance trop attentive et trop sévère de la part du gouvernement.

100. — *D*. Pourquoi ?

R. L'État n'a pas moins d'intérêt que la famille à ce que l'éducation de la jeunesse soit bonne.

La paix, la prospérité, l'honneur et la gloire de la France dépendent surtout de l'éducation de la jeunesse.

Et tout gouvernement qui n'offre pas de garanties suffisantes à cet égard, est coupable au premier chef.

101. — *D*. Quelles sont les principales conditions à imposer ?

R. L'éducation de la jeunesse est un sacerdoce.

Tout membre du corps enseignant, sans nulle exception :

1° Doit être inattaquable — même exemplaire dans ses mœurs et sa conduite — religieuse — publique et privée.

2° Il doit avoir subi les examens les plus sérieux sur les matières qu'il doit enseigner.

3° Ses doctrines morales, etc., doivent être connues et approuvées. Il est nécessaire d'être assuré que ses doctrines politiques ne comportent rien de contraire aux lois et à la paix de son pays — rien de favorable à l'anarchie et au mépris des institutions avouées par la nation.

4° Il importe encore de connaître ses méthodes d'enseignement.

5° Il doit vivre dans l'opinion que l'Etat et les familles ont constamment les yeux sur lui.

6° Il doit se considérer comme un homme neutre en politique; mais puissant en morale, pour faire aimer à la jeunesse ce qui est bien, ce qui est beau aux yeux de tous les hommes, quelque soit leur parti et leurs opinions.

102. — *D.* Ces conditions sont difficiles?

R. Oui; mais la mission est belle — le gouvernement ne peut trop encourager de tels hommes — les familles et le public les trop honorer — la jeunesse les trop respecter ni leur témoigner trop de reconnaissance.

103. — *D.* L'éducation, pour être nationale, doit-elle être gratuite?

R. Nous avons distingué dans l'éducation générale : l'éducation religieuse,

morale,

intellectuelle (comprenant l'éducation politique élémentaire),

physique,

professionnelle,

et nous avons dit que toutes étaient actuellement gratuites, hors l'instruction primaire, qui ne l'est qu'en partie, et l'instruction intellectuelle et professionnelle au degré supérieur.

104. — *D*. Qu'induire de là?

R. Qu'il n'y a lieu de s'occuper que de ces trois derniers cas, c'est-à-dire, que :

1° L'instruction primaire doit être gratuite dans une proportion plus considérable;

2° L'instruction intellectuelle et professionnelle supérieures, sans être gratuites pour une quantité aussi nombreuse de citoyens, doit l'être cependant pour un nombre plus grand qu'il ne l'est;

Mais à diverses conditions.

105. — *D*. Quelles sont ces dernières?

R. En principe, l'instruction primaire, ainsi que celle de l'intelligence et de la profession à un degré supérieur, doivent avoir lieu aux dépens des familles;

Mais, en cas d'impossibilité,

La première doit toujours pouvoir être faite gratuitement; — Et il doit en être de même des deux autres, lorsque les sujets promettent de devenir des citoyens distingués et utiles.

106. — *D*. Sans autres réserves?

R. Au contraire : — à la condition du blâme public, et de la honte infligée aux parens par enquêtes officielles, lorsque l'impossibilité est le fruit du désordre, de la mauvaise conduite, ou du défaut de prévoyance, de travail et d'économie.

107. — *D*. Cette règle n'aurait-elle pas plusieurs inconvéniens ?

R. Elle concilie les principes suivans :

1° Il est indispensable de faire jouir tous les citoyens des avantages de l'instruction primaire.

2° L'Etat a intérêt à pousser l'éducation intellectuelle et professionnelle supérieures des jeunes gens qui donnent l'espérance des talens qu'ils pourront avoir un jour, et des services qu'ils pourront rendre.

3° Mais, de même qu'il doit accorder une aide honorable aux parens irréprochables, de même doit-il infliger le blâme et la honte à ceux qui sont loin de l'être.

108. — *D*. Oui, mais ceci place les enfans dans une position difficile par rapport à leurs parens et au public ?

R. Les enfans tiennent de trop près à leurs parens pour ne pas avoir à souffrir de leurs fautes ou de leurs vices, tout aussi bien qu'ils profitent de leurs bonnes qualités ou de leurs vertus.

Telle est la condition sociale, nécessaire; puisqu'elle peut tout aussi bien retenir les parens blâmables, qu'elle peut servir de stimulant et de récompense aux parens estimables.

Mais des enfans doivent bien observer qu'ils ne sont pas appelés à juger leurs parens — et que leur devoir est de jeter un manteau sur les torts de ceux-ci.

Que, de plus, ils doivent travailler à réha-

3*

biliter un nom que leurs propres enfans doivent porter un jour;

Et que la société les jugera eux-mêmes deux fois plus favorablement, que si, au lieu d'avoir dû surmonter des obstacles, ils n'eussent rencontré qu'aide et secours ;

Qu'enfin, s'il se trouve quelques personnes qui ne pensent ni n'agissent ainsi, ces dernières mériteront elles-mêmes le mépris du monde pour leur inhumanité et leur injustice.

109. — *D.* Et lorsque l'impossibilité des dépenses d'éducation n'est pas le résultat du vice et du désordre ?

R. Si cette impossibilité n'est que la suite d'une fatalité constatée, la gratuité n'est plus alors qu'un honorable secours, qui ne doit humilier en rien.

Un bon citoyen ne doit rougir que de la honte méritée — il doit braver le malheur qui ne l'est pas.

Et en tout on doit lui appliquer ce mot célèbre de Napoléon :

« Honneur au courage malheureux. »

X.

DE LA FAMILLE.

110. — *D.* Le sentiment de la famille est-il naturel à l'homme ?

R. Si l'on juge que quelques-uns aient eu le pouvoir de rendre cette question nécessaire au temps où nous vivons, il faut se hâter d'ajouter qu'elle ne saurait être faite qu'à la honte de notre époque.

Le sentiment de la famille n'est pas sans abus, sans doute; mais de quoi donc l'homme n'abuse-t-il pas!

A cette réserve près — c'est l'un des présens les plus nobles dont il ait plu à Dieu d'honorer l'humanité.

111. — *D.* Qui constitue précisément la famille?

R. Les liens conjugaux et paternels — filiaux et fraternels : et quelques autres encore, moins rapprochés; mais que les souvenirs, l'amitié, l'estime, la reconnaissance rendent plus ou moins chers et respectables.

112. — *D.* Vous établissez deux degrés de famille — cela donne-t-il lieu à des devoirs différens?

R. Oui : ceux des parens envers leurs enfans, et réciproquement. — Ceux des parens entr'eux à divers degrés — et comme membres d'une même famille.

113. — *D.* Qu'est-ce que les parens doivent à leurs enfans?

R. 1° Tous les soins du corps;

2° L'instruction religieuse — morale — intellectuelle, etc.;

3° Une profession;

4° De bons exemples — de bons conseils;

5° La conservation, et, s'il se peut, l'amélioration de leur patrimoine.

114. — *D.* Tous ces devoirs sont-ils toujours possibles ?

R. Tous le sont plus ou moins; même dans les conditions les moins fortunées — lorsque les parens sont laborieux, économes et honnêtes — car les obligations qu'ils imposent peuvent être accomplies gratuitement — hors ce qui regarde la médecine.

Ils le seront d'ailleurs toujours plus, à mesure que chacun se rappellera qu'un bon père, un bon citoyen, ne doit avoir d'enfans que ceux qu'il peut nourrir, bien élever et doter d'une profession.

115. — *D.* Ne pourrait-on obtenir gratuitement encore les soins de la médecine?

R. Il faut d'abord observer qu'ils manquent déjà peu aux malheureux — même les médicamens dont se charge bien souvent la bienfaisance publique ou particulière.

Mais, au surplus, il serait mieux et plus sûr, que la médecine gratuite fût exercée pour toutes les familles, par un corps de *médecins-fonctionnaires*, dont le traitement figurerait au budget de l'État.

Cette dépense serait assurément moins onéreuse pour les citoyens, que ne l'est l'exercice libre de la médecine — et l'institution conviendrait mieux à la dignité, à l'esprit libéral et bienfaisant des médecins qui, pour la plupart, sont plus sensibles à l'honneur qu'à l'argent.

Plusieurs communes — plusieurs pays — les hôpitaux, les armées, etc., offrent déjà des

modèles plus ou moins parfaits de cette institution.

116. — *D.* Qu'est-ce que les enfans doivent
à leurs parens?

R. Respect — reconnaissance — dévoûment
— secours dans leur vieillesse;

Conservation de l'honneur de leur nom.

117. — *D.* Si les parens ont manqué à leurs
devoirs?

R. Dieu n'a pas établi les enfans juges des
parens.

Les enfans doivent encore secours et conso-
lations à leurs parens — et tous leurs efforts
pour réhabiliter leur nom.

118. — *D.* Si les enfans sont trop pauvres?

R. Ils n'invoqueront pas en vain l'aide de la
bienfaisance publique; et elle leur sera accor-
dée d'autant plus honorablement pour l'accomplissement de leurs pieux devoirs, que leur
impossibilité ne sera pas le résultat du désordre
et du vice.

119. — *D.* Qu'est-ce que les membres d'une
même famille se doivent entr'eux?

R. Ils portent tous le même nom, qui a été
celui de leur auteur commun, ils doivent tout
faire pour le conserver pur.

Si l'un d'eux l'a taché, il faut qu'ils fassent
tout ce qu'il convient pour laver la souillure
par leur bonne conduite personnelle;

Leurs conseils et remontrances à celui de

leurs parens qui a démérité — en le reniant, si le mal a été jusqu'au déshonneur et soit sans remède,

Leur secours, s'il est nécessaire et possible.

Afin que le monde comprenne qu'une tache individuelle ne saurait flétrir une famille honnête — et que la solidarité de famille est un lien d'honneur en même temps qu'un lien d'affection (10).

120. — *D. Au point de vue politique seulement,*

Admettez-vous une différence dans le principe de l'honneur de famille — soit en monarchie, ou bien en république aristocratique — soit en république nationale?

R. L'honneur politique de famille, dans les deux premiers gouvernemens, consiste principalement dans la conservation et l'augmentation des richesses et de la puissance des familles aristocratiques;

Et ceci doit sembler naturel, si l'on songe que ces familles sont alors les seuls soutiens du gouvernement.

(10) Dans quelques pays, la solidarité de famille est ainsi établie :

La famille assemblée connaît les besoins de ceux de ses membres qui doivent être secourus. — Elle procure à leurs enfans, au moins, et proportionnellement aux ressources de chaque membre, l'éducation et une profession. — Au-delà du terme fixé pour le but, les secours cessent, s'ils n'ont pas convenablement et raisonnablement profité. — Les cas de vieillesse ou d'impossibilité de travail sont traités d'une manière analogue, par cotisation.

D'ailleurs, leur devoir politique à cet égard leur est tracé par la loi même, qui admet la confiscation, le droit d'aînesse, l'achat et l'héritage des titres, honneurs, emplois, etc. — Enfin par les mœurs mêmes, qui *tolèrent* les mariages *inégaux*, lorsqu'ils ont pour objet de rétablir ou d'augmenter les fortunes.

Un écrivain attribue à Richelieu le projet de priver de noblesse les familles appauvries — et d'anoblir celles qui s'enrichissaient ;

Tandis que dans un État libre — et avec le principe de la souveraineté nationale :

L'honneur pur et simple — sans mélange — tel que celui qu'on doit obtenir, plus ou moins, par l'accomplissement plus ou moins parfait et distingué de ses devoirs publics et privés, est seul nécessaire.

121. — *D*. Vous avez dit que l'esprit de famille pouvait devenir abusif ?

R. Oui, par l'égoïsme, l'ambition, l'injustice.

122. — *D*. Comment cela ?

R. Lorsqu'il tend, entr'autre, à perpétuer dans les mêmes familles les honneurs, le pouvoir et les emplois — ainsi que les richesses qui peuvent en être la conséquence.

Lorsque les richesses acquises ne le sont qu'au prix d'une probité douteuse — mais sur laquelle la famille intéressée croit devoir jeter un voile abusif d'indulgence.

123. — *D*. Comment atténuer les inconvénients des familles trop puissantes ?

R. Le remède ne peut se rencontrer que dans les mœurs.

1° N'estimer que les fortunes bien acquises et bien employées;

2° Honorer la modération et le mérite ainsi que l'économie, qui est une vertu qui assure l'indépendance et garantit l'homme contre le besoin, tout en le défendant contre les passions envieuses et jalouses;

3° Mépriser les fortunes mal acquises et mal employées;

4° Mépriser l'avarice, l'avidité, la cupidité qui sont des vices honteux;

5° Encourager les mariages de fortunes inégales lorsque, surtout, l'une d'elle est suffisante, etc.

124. — *D*. Et sur les emplois — on entend souvent dire qu'un bon parent, un bon ami, doit favoriser et protéger les siens?

R. Cette maxime est aussi fausse que coupable.

Tout citoyen en position de disposer des emplois, se doit à la justice et à l'État; mais non pas à ses amis et à sa famille;

Autrement, il abuse du pouvoir qui lui a été confié pour un tout autre usage.

La faveur encourage l'intrigue; elle tue l'émulation, le talent et l'honnêteté, pour mettre ordinairement des nullités en évidence.

A côté de l'homme favorisé, se trouve celui qui attend la justice, la mérite — et la plupart du temps, en a un réel besoin.

C'est à propos d'elle que Paul-Louis Courrier disait satiriquement : « Courage, mes » amis, aidons les forts — enrichissons les ri-» ches. »

Plus la faveur a d'empire, plus l'État est mal servi.

Un bon parent, un bon ami, aide les siens de sa personne et de sa bourse ; mais non par une distribution d'emplois ou d'honneurs qui ne lui appartiennent pas ni les uns, ni les autres ; qui ne lui sont simplement confiés que pour en faire un usage juste et nécessaire en vue du bien de l'État.

XI

DE LA PROPRIÉTÉ.

125. — *D.* Le sentiment de la propriété est-il naturel à l'homme ?

R. Il est la conséquence de celui de la famille — tel nous avons défini ce dernier. (art. 110).

Qui veut détruire la propriété, veut aussi détruire la famille — et si l'on avait à craindre la réussite, alors l'homme retournerait à l'état sauvage et d'isolement, c'est-à-dire, à celui de la bête.

Mais ces sentiments font partie inséparable de la nature humaine — tous les efforts tentés, ou qui pourraient l'être contre eux, tourneront à la honte de leurs auteurs.

Lié comme il se trouve l'être au sentiment de la famille, on peut dire que celui de la propriété anoblit l'homme, concourt à assurer son indépendance et sa liberté — et fonde chez lui, la nécessité de la société pour laquelle il a été créé par Dieu.

126. — *D.* Ce sentiment ne comporte-t-il pas d'abus ?

R. Comme celui de la famille.

On peut répéter ici : de quoi l'homme n'abuse-t-il pas !

127. — *D.* En quoi consiste la propriété ?

R. Dans tout ce que l'on possède légalement.

128. — *D.* Comment s'obtient, se conserve et s'accroît la propriété ?

R. Par le travail, l'héritage, une louable économie, et la sage administration du père de famille.

129. — *D.* Comment diminue-t-elle — et finit-elle par se perdre ?

R. Quelquefois par une fatalité malheureuse, contre laquelle n'ont rien pu le courage et la prudence.

Mais, le plus ordinairement, par l'imprudence, le vice et le désordre !

130. — *D.* Les conditions nécessaires pour acquérir, conserver, accroître la propriété, constituent donc des qualités estimables ?

R. Ces qualités sont, en effet, celles du bon père et du bon citoyen.

Mais elles ne doivent pas être ternies par la cupidité, l'avarice, l'avidité — ou une ambition désordonnée;

Et surtout l'amour louable de la propriété, doit-il se garder sévèrement des moyens que repoussent la justice et la probité.

131. — *D*. D'où naissent les abus de la propriété — et comment les atténuer?

R. Ces abus naissent précisément des vices que nous venons de signaler, et de l'oubli des vertus qui doivent leur être opposées.

Il est difficile de les atténuer — la loi cependant y pourvoit en réprimant la fraude; mais est-elle suffisante? — Nous ne le pensons pas.

Les mœurs y pourraient quelque chose, si, comme on l'a dit, on n'estimait que la propriété bien acquise et bien employée, en méprisant la richesse qui le serait mal.

132. — *D*. N'y a-t-il pas des distinctions à faire sur la nature et l'espèce des propriétés?

R. Aucunes.

Tout ce qui résulte du travail de l'homme est sa propriété.

Dans les sciences, les arts, l'industrie, le commerce, etc., tout aussi bien que pour les choses manuelles ou matérielles.

133. — *D*. Sans réserve — et le droit de propriété est-il donc tout-à-fait illimité?

R. Sauf cependant quelques cas prévus par la loi.

Ainsi, par exemple, l'État a besoin d'un terrain, d'une usine, etc., dans l'intérêt public.

Il peut alors déposséder le propriétaire moyennant indemnité et en observant des formes déterminées.

Autre exemple :

On juge qu'il importe à l'intérêt de la société, que tel procédé de l'intelligence, ou tel ouvrage d'esprit, ou enfin telle invention, etc., tombe dans le domaine public, alors l'auteur doit pouvoir être amené à en faire la cession conditionnelle.

134. — *D*. L'héritage donne-t-il un droit de propriété aussi certain que le travail ?

R. Sans nuls doutes :

La propriété transmise a été, au moins une fois, acquise par le travail — soit partiellement, soit en totalité ;

Et la transmission n'est autre chose que la destination du père de famille, légitime possesseur.

Qui donc voudrait acquérir, s'il ne pouvait transmettre, et que le fruit de son travail lui soit ravi au moment de sa mort, c'est-à-dire, à l'instant où il se dispose à en faire jouir ceux pour lesquels il a travaillé toute sa vie.

Qui nie le droit d'héritage, nie le droit de propriété — et attente à la famille.

135. — *D*. Qu'est-ce que l'État doit à la propriété, quelle qu'elle soit ?

R. Respect, garantie absolue de liberté et de sécurité.

XII.

DE L'IMPÔT.

136. — *D.* Qu'est-ce que l'impôt?

R. C'est la portion payée par chaque citoyen pour assurer les divers services publics, c'est-à-dire, l'armée, la marine, les tribunaux, l'administration, etc.

137. — *D.* Il existe plusieurs sortes d'impôts?

R. Sans doute — l'impôt total ne saurait porter sur une seule et même chose; mais tous peuvent être classés en :

> Impôts directs. c'est-à-dire, qui se payent directement;
>
> Impôts indirects, c'est-à-dire, qui se payent en avances ou retenues — d'une manière indirecte ou insensible.

Ce dernier se nomme encore impôt de consommation, parce qu'en définitive il est payé par le consommateur.

138. — *D.* Expliquez?

R. L'industrie se procure les matières qui lui sont nécessaires — elle prépare, et le commerce met en circulation toutes les choses manufacturées, dont la fabrication est plus ou moins compliquée d'objets divers.

Or :

Les matières nécessaires à l'industrie payent des droits — dont l'industriel fait l'avance —

et qui sont compris dans les prix de ces matières.

Ensuite, les objets manufacturés en payent d'autres, dont le commerçant fait à son tour les avances, et qui sont ensuite comprises dans le prix des marchandises, lesquels comprennent en outre, les avances des industriels pour les droits qui frappent la matière première, et dont les industriels se font ainsi opérer le remboursement.

En dernière analyse, on voit que les prix du commerce sont alors composés de la valeur intrinsèque de la chose pour la matière première, et de la main-d'œuvre, plus des droits déjà payés et du bénéfice que doit faire le commerçant.

Alors arrive l'acheteur ou consommateur, qui, en acquittant les prix du commerce, paye effectivement, et en même temps, les droits avancés par l'industrie et le commerce, lesquels se trouvent remboursés de cette manière.

139. — *D.* Qu'appelle-t-on matière imposable ?

R. C'est celle sur laquelle porte ou doit porter l'impôt.

Ainsi, la matière imposable de l'impôt direct, est la propriété foncière, etc.; celle des impôts indirects, consiste dans tous les articles de fabrication, de commerce ou d'industrie, et enfin de consommation.

140. — *D.* Qui détermine la matière imposable ?

R. Celle de l'impôt direct l'est déjà, c'est la propriété, etc.

Quant à l'impôt indirect, c'est-à-dire, aux matières diverses utiles à l'industrie et à la consommation, le gouvernement propose, après avoir recueilli toutes les lumières nécessaires, et le parlement admet ou non.

Mais les questions de cette nature sont d'une grande difficulté.

141. — *D.* Puisque la totalité de l'impôt se compose de celle de l'impôt direct et de celle de l'impôt indirect, qui détermine les proportions pour lesquelles ces deux derniers doivent entrer dans le total en question?

R. C'est encore le gouvernement qui propose et les assemblées nationales qui approuvent, rejettent ou modifient.

Mais la difficulté est encore très grande ici.

Si l'impôt direct est trop élevé, l'agriculture souffre; les denrées de première nécessité augmentent, et l'excès de la charge retombe en définitive sur le pauvre.

Si l'impôt indirect est trop fort, l'industrie et le commerce souffrent à leur tour, le prix des choses augmente, la consommation diminue, par conséquent le travail et l'ouvrier souffrent encore.

142. — *D.* Une fois la quotité de l'impôt direct déterminée, comment s'opère sa rentrée?

R. Il est d'abord réparti par départements.

Ensuite, la portion de chacun d'eux est

répartie par arrondissements et par communes.

Enfin, dans chaque commune, il est divisé entre les propriétaires proportionnellement, et en raison *simple* de leur fortune, c'est-à-dire, que celui qui possède deux, trois fois plus que son voisin, paye deux, trois fois plus.

Ces diverses répartitions sont d'abord faites par le gouvernement, les conseils généraux et d'arrondissement; enfin, dans les communes, par des commissions de répartiteurs.

Elles laissent toutes le droit de réclamer.

Mais cet impôt ne sera bien équitablement établi et réparti, que lorsque le cadastre sera achevé.

143. — *D.* Une fois la quotité totale de l'impôt indirect déterminé, comment s'opère sa répartition par matières imposables?

R. Cette question présente plus de difficultés que la précédente, elle ne peut être également résolue que par l'action combinée du gouvernement et du parlement, aidés par les lumières que peuvent fournir le commerce et l'industrie.

On peut dire encore qu'elle ne peut avoir de solutions que temporaires et variables, et qu'en tout état de cause, deux règles doivent être observées :

    1° Ménager les denrées et objets de première nécessité, surtout dans l'intérêt des citoyens peu fortunés.

    2° Ne frapper jamais de manière à nuire

gravement à nulle industrie, encore moins de manière à la détruire, à la mettre hors d'état de soutenir les concurrences étrangères.

144. — *D.* Après ces détails, que peut-on dire de l'impôt direct ?

R. Qu'il est bon à cause de sa simplicité et de la facilité de son application.

145. — *D.* Et de l'impôt indirect ou de consommation ?

R. Qu'il est bon, parce qu'il est déterminé par le consommateur, ou mieux, le contribuable lui-même, toujours libre de consommer plus ou moins suivant sa fortune, et en réglant convenablement ses besoins.

Parce qu'il est acquitté à l'instant, par portions peu sensibles et à l'insçu, en quelque sorte, du contribuable qui paye par le seul fait de l'achat qu'il effectue.

Enfin, on peut dire qu'il porte bien plus sur les classes aisées ou riches des citoyens, que sur celles qui ne le sont pas.

Ces dernières, en effet, ne payent que conformément ou en conséquence de leurs inévitables besoins ; tandisque les autres payent non-seulement, et plus, en raison de ce motif commun à tous, mais aussi en conséquence de leur consommation des choses qu'ils se procurent suivant leurs désirs de comfort, d'aisance ou de luxe.

146. — *D.* En principe, quelles sont les

règles les plus sages et les plus générales sur les impôts ?

R. Il serait trop long et trop difficile de les déduire toutes ici, et l'on ne peut même guère procéder que par abstention, c'est ainsi que l'on doit se réduire à dire que :

Pour l'impôt direct,

Tout impôt qui *surcharge* l'agriculture est mauvais. — Il a pour effet d'entraver ses progrès, de diminuer l'abondance des produits du sol, d'augmenter la rareté et les prix des denrées de première nécessité — même de celles utiles à l'industrie, et de diminuer en même temps le travail de la population agricole.

Dans les circonstances critiques, l'industrie et le commerce se restreignent ou cessent — le crédit tend à disparaître avec le travail dont il est la base.

Mais le sol reste.

Il faut donc ménager celui-ci dans les temps ordinaires, pour le retrouver avec toutes ses ressources accumulées dans les temps difficiles.

Pour l'impôt indirect,

Les époques où il peut et doit produire le plus, sont celles de calme, de paix, de confiance — et par conséquent de travail.

C'est pourquoi, tout impôt qui tend à restreindre la consommation est mauvais; car les uns ne produisent qu'autant que les autres consomment : cet impôt nuit donc au travail de l'ouvrier de manufacture, et au commerce.

Tout impôt qui met l'industrie nationale

hors d'état de pouvoir concourir avec l'industrie étrangère, est également un mauvais impôt.

147. — *D.* N'a-t-on pas imaginé d'autres impôts que ceux que vous avez examinés?

R. Oui : l'impôt progressif,
                    somptueux,
                         du revenu, etc.

148. — *D.* Qu'est-ce que l'impôt progressif?

R. Celui qui serait établi, non plus en raison *simple* mais *croissante* de la fortune.

Il ne pourrait être que direct.

Ainsi, le citoyen deux fois plus riche, pourrait payer deux fois et demie plus d'impôts, celui qui le serait trois fois, pourrait payer le quadruple. etc., suivant la progression croissante ou progressive qu'on adopterait.

149. — *D.* Cet impôt paraîtrait juste?

R. On s'apercevrait vite qu'il serait inique et fatal — voici quels seraient ses principaux inconvéniens :

1° Il accroîtrait, et bientôt d'une manière abusive, l'impôt qui se paye directement — lorsque déjà les rentrées de celui-ci sont toujours les plus difficiles et paraissent les plus lourdes.

2° Il diminuerait l'émulation pour la propriété — c'est-à-dire, l'un des moyens d'action et de prospérité le plus énergique.

3° Il agraverait les charges de l'agriculture, laquelle a bien grand besoin, au contraire, d'être puissamment encouragée.

4° Il diminuerait le revenu des propriétaires — ceux-ci réduiraient leur consommation — le travail, le commerce en souffriraient — et le trésor lui-même, par une diminution de rentrées, qui serait sans doute plus considérable, par voie indirecte, que ce que l'impôt progressif pourrait lui produire d'augmentation.

5° Comment déterminer la proportion croissante — et qui la déterminerait ?

Difficulté d'autant plus grande, que, pour ne pas s'écarter du principe et rester juste, ce ne serait plus le chiffre du revenu qui devrait servir de base ; mais bien ce chiffre diminué des charges ou obligations de chacun.

Ainsi, de deux citoyens, ayant même fortune apparente — et payant des impôts égaux — l'un est bien plus riche que l'autre, s'il n'a ni famille, ni obligations, etc. ; comment estimer encore cette différence ? — et si elle n'est pas estimée, l'impôt cesse d'être progressif, ou, pour être plus exact, il le devient en sens inverse ; c'est-à-dire, qu'à mesure que le contribuable serait moins riche ou moins aisé, il payerait *progressivement* davantage.

150. — *D*. Mais cette dernière objection ne peut-elle être opposée à l'impôt *simplement* proportionnel ?

R. Sans doute — et c'est un malheur — cependant on peut répondre qu'avec un système aussi compliqué que celui de l'impôt progressif, l'inconvénient ne saurait que s'accroître :

et s'accroîtrait, nous venons de le dire, *progressivement.*

On peut ajouter encore que, dans le système plus simple, de l'impôt seulement proportionnel, les adoucissements sont plus faciles, peuvent être plus fréquents, etc., plus équitables, etc.

Or, entre deux maux, c'est le moindre qui doit être choisi.

151. — *D.* Qu'est-ce que l'impôt somptueux?

R. Celui que l'on voudrait établir sur le luxe, même le comfortable.

152. — *D.* Qu'en dire?

R. Il est vrai qu'en principe le luxe est regrettable — car il a une influence fâcheuse sur les mœurs et la famille.

Mais il serait inutile de songer à le bannir de nos habitudes — d'ailleurs, où commence le luxe? — il est en tout relatif — c'est aux hommes sages à fixer son origine et sa limite dans chaque cas particulier — là commence le luxe pour l'un qui n'est pas même l'origine du comfortable, même du nécessaire pour l'autre.

Dans ces données, le luxe a du moins l'avantage d'être utile au travail et à la consommation.

Et l'impôt somptueux sans remédier au mal moral, aurait l'inconvénient de diminuer, de restreindre le travail.

En outre, il faut observer que cet impôt se paye en réalité par voie indirecte à cause des droits frappés sur toutes les matières et les mains-d'œuvre de luxe — il y aurait donc ainsi double emploi.

153. — *D*. Qu'est-ce que l'impôt du revenu ?

R Celui que l'on voudrait établir sur le revenu *net*.

Avec une apparence plus équitable, il donnerait lieu à de grandes difficultés — à bien des fraudes et des injustices.

D'abord, comment établir le revenu *net* sans avoir à craindre de graves erreurs ? — et de plus, ce revenu pourrait-il être considéré de la même manière par rapport au citoyen isolé, ou bien à celui qui aurait des charges et des obligations ?

Comment alors constater celui-ci ? — chose pourtant bien plus nécessaire, puisque l'impôt serait plus onéreux sans doute.

Ensuite, le revenu *net* est variable, dans le cours même d'une année seulement.

Comment encore évaluer le revenu *net* du propriétaire qui serait en même temps commerçant ou industriel, etc.

154. — *D*. En résumé ?

R. Le système financier de la France est bon — il est le fruit de l'expérience des siècles et des essais ou études des hommes les plus capables et les plus éclairés sur la matière.

Et sans nier que le temps ne le puisse perfectionner encore, on doit admettre qu'aucune des innovations de notre époque ne saurait conduire à ce résultat.

155. — *D.* Que dire des budgets?

R. Les nations pauvres ont de faibles budgets — qu'elles n'acquittent que péniblement et que souvent elles dépensent mal.

Les nations riches en ont de considérables, qu'elles acquittent facilement, et qu'elles emploient utilement lorsqu'elles sont bien administrées.

Un ministre, qui a laissé un nom dans les finances, prétendait que l'économie d'un État ressemble beaucoup à celle de la famille.

« Que penserait-on, disait-il, du père de
» famille, qui, sous prétexte d'économie, lais-
» serait ses enfans sans éducation et sans état?

» Que dirait-on du propriétaire qui vivrait
» de peu, encaisserait et laisserait ses terres et
» ses bâtimens en souffrance?

» Ou bien du manufacturier qui reculerait
» devant les dépenses nécessitées par les pro-
» grès des arts et de l'industrie?

» Un bon père, un propriétaire, un indus-
» triel, lorsqu'ils sont habiles, ne font que des
» dépenses utiles et productives, qui les enri-
» chissent eux et leur famille, ainsi que le
» reste de leur entourage, et ils ne reculent
» jamais devant les dépenses de cette espèce.

» Or, il en est de même de l'État, c'est
» moins à la quotité des impôts qu'il faut s'at-
» tacher, dans une mesure raisonnable, qu'à
» la nature des dépenses et au bon emploi de
» l'argent. »

156. — *D.* L'impôt doit-il être universel?

R. Sans doute.

Cependant, pour l'impôt direct, il convient d'avoir égard à la situation de fortune et de famille des citoyens nécessiteux, surtout en observant qu'ils payent déjà par voie indirecte, c'est-à-dire, par le fait de la consommation.

Mais il convient aussi que les dégrèvemens n'aient lieu qu'à la suite d'enquêtes sérieuses. parce que : d'une part, la portion dont ils sont déchargés, retombe sur d'autres — tandis que, d'un autre côté, il importe qu'il soit établi et connu si les causes d'impossibilité résultent, soit du désordre ou non, afin que les citoyens blâmables restent notés en conséquence.

XIII.

DU TRAVAIL.

157. — *D.* Qu'est-ce que le travail?

R. L'acte moral, intellectuel ou physique, qui produit une œuvre utile.

158. — *D.* Il n'y a donc pas que les ouvriers proprement dits qui soient des travailleurs ?

R. Non, sans doute, — ainsi l'homme d'État, le prêtre, le magistrat, le fonctionnaire, le militaire, le savant, l'artiste, le financier, l'agriculteur, le commerçant, etc., sont aussi bien des travailleurs que le simple ouvrier — à des titres ou mérites différens — mais tous tellement liés entr'eux que si les uns souffrent, les autres souffrent aussi.

159. — *D.* Que signifie cette distinction entre les oisifs et les travailleurs?

R. Rien, qu'une chose inexacte et fausse — mais dont le but est d'exciter la haine et l'envie d'une partie des citoyens contre l'autre.

Il n'y a pas d'oisifs — ainsi le propriétaire le plus aisé et le plus indépendant, quelque soit la nature de sa propriété, s'occupe au moins de ses affaires dans l'intérêt de sa famille inséparable de celui de la société — et s'il paraît ne travailler que peu, il répand au moins le travail autour de lui d'une manière directe.

De plus, pour satisfaire ses goûts ou ses besoins, suivant sa fortune, il est encore utile indirectement au travail et au trésor public, par le seul fait de sa consommation.

160. — *D.* Que signifient encore ces distinctions de bourgeois et d'ouvriers — d'habits noirs et de blouses, etc. ?

R. Les deux premières datent de loin et n'ont rien d'offensif — les deux dernières sont récentes : elles signifient les mêmes choses que les deux autres; mais dans un langage trivial, et avec une intention plus méchante encore que celle de la distinction des oisifs et des travailleurs.

Les hommes qui ont imaginé ce moyen d'excitation ont espéré que ce langage et son intention flatteraient le peuple, qui, à la faveur de cette flagornerie grossière et intéressée, ne s'apercevrait pas de l'outrage.

161. — *D.* Complétez votre pensée?

R. Il n'y a que les hommes méprisant le peuple, qui puissent lui parler un mauvais langage, et supposer que des intentions anarchiques puissent lui plaire.

Pour nous, nous dirons qu'il n'y a que des citoyens en France, hors les hommes pervers et les repris de justice.

Que celui qu'on appelle aujourd'hui bourgeois, dans une intention malveillante, sera demain ouvrier s'il éprouve des malheurs ou bien s'il se ruine par le désordre ou le vice.

Tandis que celui qu'on nomme ouvrier sera bourgeois à son tour, s'il n'éprouve pas de revers au-dessus de son courage, et si sa conduite est bonne et respectable.

162. — *D.* Le travail est-il obligatoire?

R. C'est la loi de Dieu.

L'amour du travail satisfait la conscience — inspire une juste et raisonnable indépendance — suppose le courage et la probité.

163. — *D.* Quelles sont les conditions du travail?

R. L'ordre, la paix, la liberté, sans lesquels le commerce, qui nécessite la confiance, est arrêté. — Alors les produits du travail ne s'écoulent plus, et ce dernier s'arrête à son tour.

Tous les révolutionnaires et les anarchistes sont ennemis du travail.

164. — *D.* Qu'est-ce que le *droit au travail?*

R. Une chimère, digne des démagogues qui l'ont imaginée, contraire au travail lui-même et à la liberté — enfin, destructive de la propriété, et par conséquent de la famille.

165. — *D.* Comment cela ?

R. Si le travail est un droit, il peut être légalement exigé, et ne saurait être légitimement refusé, soit auprès de l'Etat, soit auprès des particuliers, alors même que l'impossibilité serait évidente.

Et comme un droit reconnu et refusé à toutes instances pacifiques semble justifier l'emploi des armes, alors le travail pourrait être réquis les armes à la main.

Le gouvernement ne pourrait donc plus garantir ni la liberté, ni la propriété, ni la famille.

Aussi, l'auteur des théories les plus perverses du jour a-t-il dit :

« Accordez-moi le *droit au travail*, et je » fais bon marché de la propriété. »

166. — *D.* Comment donc faire, ne faut-il pas que l'ouvrier vive ?

R. Sans nuls doutes.

Mais d'abord, les cas d'impossibilités absolues sont rares et courts : lorsque l'ordre, la paix, la liberté existent, et dans les circonstances les plus malheureuses, la bienfaisance publique, la bienfaisance particulière, libres et spontanées, n'ont pas encore fait et ne feront jamais défaut.

167. — *D.* Quels doivent être les résultats du travail ?

R. Faire vivre l'ouvrier et les siens ; leur assurer des secours pour la vieillesse ou les cas d'incapacité.

Mais ces conditions qui paraissent bien simples, sont compliquées de questions morales et économiques de la plus grande difficulté, car elles dépendent de la bonne conduite des individus, etc., ensuite, et notamment du prix des denrées de première nécessité, ainsi que de ceux de main-d'œuvre, lesquels à leur tour dépendent de la concurrence.

Si les prix des blés sont trop bas, l'agriculture souffre, le propriétaire ne peut payer ses impôts, l'ouvrier des campagnes reste sans ouvrage — il faut alors augmenter les droits indirects qui retombent sur le consommateur : celui-ci se restreint, la consommation et le travail des ouvriers de fabriques diminuent à leur tour.

Si les prix de main-d'œuvre sont trop élevés, l'industrie ne peut plus supporter la concurrence étrangère, et de cette autre manière, le travail national est encore arrêté.

168. — *D.* Qu'est-ce que l'émulation ?

R. Le désir de toujours faire mieux, soit individuellement, soit comparativement — et, dans ce dernier cas, sans envie, ni jalousie, ce sentiment ne produit que le bien.

169. — *D.* La rivalité ?

R. Elle suppose un compétiteur que l'on veut souvent détruire. Ce sentiment produit assez ordinairement le mal.

170. — *D*. La concurrence ?

R. Elle existe particulièrement pour ce qui regarde les prix du travail.

C'est à qui fera au meilleur marché — aux dépens même de la qualité des choses et de la probité, sans que les exemples de ruines, dont ce sentiment est cause, puissent arrêter.

171. — *D*. Ne pourrait-on la limiter ?

R. On ne le pourrait sans compromettre le travail national, sans courir le risque de le voir succomber en présence de la concurrence étrangère, et sans attenter à la liberté.

On ne peut qu'aviser à atténuer le mal qui laisse trop les ouvriers dans la dépendance des possesseurs de capitaux; mais par des moyens indirects et généraux.

Du reste. cette concurrence n'est pas sans compensation, puisqu'elle réduit les choses de manière à les mettre à la portée d'un plus grand nombre, à augmenter ainsi la consommation, et à retrouver, en partie au moins, sur la masse du travail, l'avantage perdu par les prix mi-nimes des objets.

172. — *D*. Quelles sont les causes principa-les du malheur des ouvriers ?

R. 1° Leur défaut d'instruction, qui ne leur permet que rarement de sortir de leur état d'in-fériorité.

2° Les vices de beaucoup d'entr'eux, résultant de leur éducation négligée — les désordres de plusieurs.

5° L'imprévoyance de tous, qui les empêche de pourvoir aux besoins des mortes saisons — et à ceux de leur vieillesse.

Cette imprévoyance est surtout manifeste dans les pays de fabrique, où les journées sont les meilleures, où les misères et les désordres sont les plus considérables.

4° Leurs familles trop nombreuses.

5° La concurrence illimitée, à laquelle malheureusement on ne peut opposer nuls remèdes en matière d'industrie.

6° L'oubli où les conduisent toutes ces causes, des devoirs de famille, surtout de ceux qui leur sont ordonnés à l'égard de leurs vieux parens, pour finir par être également oubliés à leur tour de leurs propres enfans.

173. — *D.* Vous avez parlé de moyens indirects et généraux d'atténuer le mal ?

R. Ces moyens ne peuvent être autres; car, pour aucune raison, la loi ne peut intervenir directement entre l'ouvrier et celui qui l'emploie, complètement libres tous deux de leurs conventions réciproques.

174. — *D.* Pourriez-vous en énumérer quelques-uns, et, d'abord, le premier ?

R. Favoriser l'agriculture, ses progrès, son développement.

Ce moyen fournit un travail assuré, produit une abondance croissante, et, dans les denrées de première nécessité, comme dans les objets utiles à l'industrie, un abaissement de prix qui ne comporte rien que d'avantageux, lorsqu'il est obtenu de cette manière.

175. — *D.* Le deuxième ?

R. Encourager, favoriser les défrichemens et les colonies intérieures et extérieures (11).

176. — *D.* Le troisième ?

R. Veiller, par un bonne police et de sages impôts, à ce que les denrées de première nécessité se maintiennent à un taux raisonnable.

177. — *D.* Le quatrième ?

R. Encourager les constructions simples et économiques, propres à loger les ouvriers sainement, agréablement et à bon marché.

178. — *D.* Le cinquième ?

R. Provoquer, encourager les entreprises d'alimentation publiques, d'autant plus avantageuses qu'elles déchargeraient les familles d'ouvriers des soins et du matériel de leurs ménages.

179. — *D.* Le sixième ?

(11) Le gouvernement a créé récemment un service hydraulique des usines, irrigations et desséchemens — c'est ici le lieu de former le vœu qu'il en fasse un service complètement agricole, en y adjoignant les études de reboisement et de tous les autres intérêts de l'agriculture.

R. Organiser la médecine gratuite.

180. — *D*. Le septième?

R. Encourager les établissements d'épargnes, d'économie.

181. — *D*. Le huitième?

R. Multiplier les établissements de charité, surtout pour l'enfance et la vieillesse; à la charge, pour cette dernière, de la distinction à conserver entre le malheur, fruit de la fatalité ou du désordre.

182. — *D*. Le neuvième?

R. Organiser une caisse de retraite, au moyen de certaines retenues de salaires, et d'un secours de l'État.

Comme cela se pratique pour les fonctionnaires, et dans certaines industries publiques ou privées, à l'instar, en un mot, des invalides militaires.

183. — *D*. Le dixième?

R. Favoriser, pour beaucoup d'entreprises, les petites industries, et les associations d'ouvriers pour des travaux peu considérables.

184. — *D*. Le onzième?

R. Fixer, dans les entreprises de travaux publics, le minimum du salaire de la journée de travail, ainsi que celui de l'unité de chaque genre d'ouvrage, quelque soit le rabais de l'entrepreneur, en laissant libre le maximum de chaque espèce, ainsi que celui de la durée de la journée.

185. — *D.* Le douzième ?

R. Multiplier les conseils des prud'hommes, et prescrire, sur les grands chantiers de l'Etat, la formation de jurys temporaires pour les règlemens des intérêts des ouvriers, tâcherons et entrepreneurs entr'eux.

186. — *D.* Le treizième ?

R. Honorer, par des récompenses, les fabricans, entrepreneurs, etc., connus pour traiter le mieux leurs ouvriers, en se contentant d'un bénéfice plus modeste, leurs avances couvertes ainsi que leurs risques et périls.

De même que ceux qui leur accorderaient le plus de soins de toute espèce et le plus d'intérêt.

187. — *D.* Le quatorzième ?

R. Récompenser les ouvriers les plus sages, les plus économes, les meilleurs pères de famille — sans craindre d'infliger le blâme public aux autres.

188. — *D.* Le quinzième ?

R. Enfin, les ateliers nationaux, dits précédemment ateliers de charité.

Ils ne sauraient être organisés que pour les momens les plus difficiles de l'année.

Ils ne peuvent consister qu'en une sorte d'ouvrages, possibles à tous : terrassemens, etc.

Il faudrait distinguer ceux qu'y amène une nécessité indépendante de leur bonne conduite, de ceux qui se trouvent dans le cas contraire.

189. — *D.* Que dites-vous de l'égalité des salaires ?

R. Que cette proposition ridicule ne peut convenir qu'à des lâches, et qu'elle doit être repoussée par des hommes de cœur et de bon sens.

190. — *D.* Et du règlement de la durée maximum de la journée de travail ?

R. Hors le travail des enfans dans les manufactures, qui doit être réglé, chacun doit être évidemment libre de travailler autant que bon lui semble — et c'est attenter à la liberté des conventions entre le patron et l'ouvrier, que de prétendre réglementer un pareil point.

A quoi il faut ajouter que tous règlemens de cette espèce seraient fatals pour le travail national.

191. — *D.* Qu'avez-vous à dire de l'argent ?

R. Il doit être considéré de trois manières :
comme marchandise ,
——— moyen d'échange ,
——— instrument du travail.

192. — *D.* Comme marchandise ?

R. Il ne peut que suivre les cours du commerce, en tant que valeur et objet fabriqué.

193. — *D.* Comme moyen d'échange ?

R. Il ne peut avoir de valeur relative ou comparable, que parce qu'il en a une réelle comme marchandise.

194. — *D.* Mais ne pourrait-il être remplacé pour cet usage, par du papier, par exemple ?

R. Il faudrait que la matière de remplacement eut une valeur réelle, comme marchandise; mais, jusqu'à ce moment, aucune n'a offert autant de commodités que l'argent ou l'or, parce qu'ils peuvent être promptement convertis en marchandises et réciproquement, — à cause aussi de leurs petit volume et petit poids pour une valeur même importante.

Quant au papier, il n'aurait de vertu qu'autant qu'il couvrirait une valeur réelle en terre ou argent, etc. , en dépôt , et hors de l'action du gouvernement,

Comme les effets de la banque, etc.

195. — *D.* Vous vous défiez donc du gouvernement ?

R. Non, et nous avons parlé en général ; mais la fortune réelle et matérielle que représente tout papier en circulation , doit toujours être à couvert de toutes éventualités politiques.

La funeste expérience du papier monnaie déjà faite, c'est-à-dire, celle des assignats, justifie suffisamment cette règle de prudence.

196. — *D.* Cependant les titres de rentes sur l'Etat ne couvrent pas une valeur réelle et matérielle ?

R. Sans doute, mais ils reposent sur la foi et la garantie de la nation tout entière ; et c'est déjà hasarder beaucoup.

Voici pourquoi :

Un particulier fait banqueroute ; il est déshonoré — il ne peut ordinairement réparer le mal ; ses créanciers conservent action contre lui : telle est sa position.

Mais on n'a nulle action contre une nation, tout entière : elle peut ordinairement réparer le mal et ne le fait pas, malgré la honte dont elle se tache.

Il est donc naturel de craindre plus — et malheureusement l'exemple confirme cette observation.

197. — *D.* Comme instrument de travail, l'argent peut-il se louer ?

R. Si l'on peut louer un métier à filer, une pompe, une charrue, etc., qui sont des instrumens de travail qu'on obtient par le travail, on ne voit pas qu'on ne puisse louer l'argent, qui est un instrument de travail obtenu par le travail.

De là, l'intérêt de l'argent, que quelques-uns voudraient follement abolir, sans songer au mal qu'ils feraient au travail lui-même, puisque l'émulation, pour ce que l'on peut considérer comme le nerf du travail, l'argent, se trouverait amoindrie.

198. — *D.* Peut-être — mais l'intérêt de l'argent amène l'usure ?

R. Le prêt d'argent, sous certaines conditions, constitue ce que l'on pourrait avec juste raison aussi, considérer comme une association du travail et des capitaux,

Or, comme toute association, celle-ci peut être en effet abusive pour l'une ou l'autre partie.

C'est le cas de l'homme qui prête à hauts intérêts au malheureux qui croit éviter sa ruine, et ne fait que la reculer en la rendant plus cruelle — le premier est évidemment un coupable usurier qui exploite la misère.

En est-il de même de celui qui prête pour mettre à fin une affaire très productive, et dans laquelle il prétend entrer pour une raisonnable proportion, laquelle peut alors excéder le taux légal ?

199. — *D*. Les cas d'abus ne se présentent-ils pas souvent, alors même qu'il ne s'agit pas précisément de prêt de fonds ?

R. Sans doute — ainsi, celui qui abuse du besoin de travail, ou d'une concurrence, ou bien d'un désir aveugle, pour mettre à son champ un prix exagéré de location, doit être assimilé au coupable usurier proprement dit, tout aussi bien que celui qui fait travailler à vil prix, et recueille de grands bénéfices, en mettant à profit les besoins de l'ouvrier nécessiteux.

XIV.

LES LOIS — LES MAGISTRATS
LES FONCTIONNAIRES — L'ARMÉE
LA GARDE NATIONALE.

200. — *D*. Quelles sont les distinctions à établir entre les lois ?

R. On distingue :

Les lois religieuses et morales, supérieures à toutes autres lois humaines ;

— politiques, et notamment la constitution, qui règle les intérêts généraux de l'État.

— civiles, qui intéressent de plus près les citoyens, leur honneur, leur vie, leur famille, leur propriété, etc.

— administratives, qui règlent les intérêts des particuliers et de l'État.

— militaires, et de la garde nationale.

201. — *D*. Qui fait la loi ?

R. La nation par ses représentans.
Ce sont les seules obligatoires.

202. — *D*. Le gouvernement n'en peut donc faire ?

R. Il ne peut que l'appliquer, et faire des réglemens ou des décrets pour son exécution.

203. — *D*. Qu'est-ce que le bon citoyen doit à la loi ?

R. Respect, obéissance, aide à son exécution suivant le besoin et le cas.

204. — *D*. Quelles doivent être les qualités, et quels sont les devoirs des fonctionnaires, magistrats ?

R. Dévoûment, intégrité, fermeté, instruction, au moins dans ce qui regarde leurs attributions — lumières de l'esprit à un dégré plus ou moins élevé ; bonnes mœurs publiques et privées

205. — *D.* Qu'est-ce que l'État leur doit?

R. Justice exacte — il doit aussi les défendre contre la faveur, l'intrigue et l'ambition avide.

Mais ces conditions d'un bon service ne seront assurées que par la loi, qui règlera les avancemens. etc., et par des examens publics pour l'admission.

206. — *D.* Qu'est-ce que l'inamovibilité?

R. L'impossibilité d'enlever un magistrat de son siège, sauf son consentement.

Elle est utile à l'indépendance de la justice.

Cependant, plusieurs pensent qu'elle pourrait être supprimée dans les petits tribunaux.

Mais, à moins d'un odieux effet rétroactif, on ne le pourrait faire qu'en règlement de l'avenir, et au fur et à mesure des vacances qui arriveraient naturellement.

207. — *D.* Qu'appelle-t-on tribunaux spéciaux, commissions, cours prévotales, etc.?

R. Ceux qu'on institue, en dehors des tribunaux ordinaires, pour juger certains faits.

Cette justice exceptionnelle et tyrannique est à jamais abolie en France, hors les tribunaux militaires, et les lois sur l'état de siège.

208. — *D.* Qu'est-ce que le jury?

R. Une institution qui a pour but l'appréciation, par de simples citoyens, des faits gravement reprochables que d'autres citoyens ont pu commettre.

Le jury présente assurément une garantie

importante à la société et aux accusés — mais on doit fortement désirer que les jurés, en général, comprennent mieux tout ce que leurs devoirs leur imposent.

Cette amélioration ne peut être que le fruit du temps, et le résultat des progrès de l'instruction.

209. — *D.* Quelle est la meilleure justice?

R. La plus impartiale, la plus prompte, la plus économique.

Elle doit être *entièrement* gratuite pour les citoyens pauvres — mais à la charge d'enquête sur les causes d'impossibilité, pour que celles-ci puissent recevoir un blâme public si elles sont le résultat du désordre ou de la mauvaise conduite.

210. — *D.* On a réclamé l'abolition de la vénalité des offices, et, généralement, de toutes fonctions?

R. Il serait en effet à désirer peut-être qu'elle fût supprimée partout ; mais avec de justes et sages tempéraments.

Cependant, le notariat devrait faire exception : et seulement réorganisé comme le réclame l'intérêt public.

211. - *D.* Que pensez-vous des lois militaires?

R. Qu'elles doivent être rigoureusement justes — mais qu'elles ne sauraient être trop sévères pour le respect et la conservation de l'obéissance et de la discipline, qui sont l'âme, la force et l'honneur des armées.

212. — *D*. Et de quelques-uns des usages militaires, entr'autres du duel?

R. Cet usage n'a pas lieu pour l'armée seulement ; il existe aussi dans les autres parties de la société, et remonte aux époques de barbarie.

On pourrait peut-être arriver à sa complète extinction, en renouvelant les juges et tribunaux d'honneur, en les réorganisant sur des principes nouveaux et d'une application générale.

213. — *D*. Ce que vous avez dit de la discipline militaire doit-il s'entendre de la garde nationale?

R. Point de corps armé sans discipline.

Mais, pour la garde nationale, elle doit être adoucie.

214. — *D*. Que dire du remplacement militaire ?

R. Les uns y voient un privilège de fortune contraire à l'égalité et au bien des armées ;

Les autres, sans admettre cet inconvénient, y voient un avantage pour les classes peu fortunées, et pour l'État lui-même, qui peut conserver ainsi de jeunes citoyens distingués et qui promettent d'utiles services, en poursuivant des carrières pour lesquelles ils sont mieux faits — enfin, on ajoute que proscrire le remplacement est agir contre la liberté.

Ces divers motifs ont prévalu — on doit les estimer meilleurs.

215. — *D.* Que doit-on aux fonctionnaires non salariés?

R. Estime et reconnaissance, lorsque leur caractère, leurs talents et les bons services qu'ils rendent ou ont rendus le méritent.

XV.

LES PEINES ET LES RÉCOMPENSES.

216. — *D.* La loi qui punit suffit-elle?

R. Non; l'État a peut-être plus d'intérêt encore, ou tout au moins autant, à provoquer et obtenir le bien, qu'à réprimer le mal.

La loi qui récompense est donc aussi utile que la loi qui punit.

217. — *D.* Que doivent être l'une et l'autre?

R. Toujours proportionnées à l'action punissable ou louable.

218. — *D.* Mais n'existe-t-il pas déjà des lois rémunératrices?

R. Oui; même des usages.

Mais, pour certaines carrières, certains faits, seulement.

Ces lois ne sont pas assez générales.

219. — *D.* Comment faire?

R. Ne pourrait-on dresser le code des récompenses, comme on l'a fait pour celui des peines?

Est-il donc plus difficile de prévoir, classer, etc., les bonnes actions, que les délits ou les crimes.

Ensuite :

Recherches du ministère public, propositions, jugement d'un tribunal *ad hoc*.

En un mot, recherches, instructions et prononcé sur le bien comme le mal; mais sans préjudice des cas relatifs aux carrières spéciales, qui ont leurs juges naturels.

220. — *D.* Mais ceci entraînerait une sorte de censure publique ou d'inquisition, qui n'est guère dans nos mœurs; et qui serait contraire à la liberté?

R. Oui, à la liberté de mal faire.

D'ailleurs, l'exemple ne serait pas nouveau, il a été fourni par d'anciennes républiques : notamment la république romaine.

221. — *D.* Que doit-on observer en matière de pénalité?

R. De ne rendre jamais, autant qu'on le peut, la réhabilitation impossible.

222. — *D.* Quelles sont les peines qu'il serait désirable de voir abolir?

R. La mort (lorsqu'il n'est pas question de crimes militaires), les bagnes.

223. — *D.* La mort?

R. Elle ne saurait être motivée par la nécessité, puisque la récidive peut être empêchée par d'autres moyens.

L'exemple ne produit que peu d'effet.

Cette peine ne permet pas la réhabilitation, ni le repentir *efficace*.

En un mot, la loi ne doit venger personne ; elle doit punir froidement, sans perdre de vue l'intérêt chrétien.

224. — *D.* Les bagnes ?

R. Ils augmentent la corruption et l'infamie du coupable, qui, ensuite, retourne au milieu de la société qui le repousse de tous côtés.

De sorte qu'il ne lui reste de ressources que celles de nouveaux crimes, à moins du grand et rare courage nécessaire pour lutter contre de justes préventions, et reconquérir l'estime publique.

225. — *D.* Comment remplacer ces peines ?

R. par le bannissement perpétuel, l'exil à temps, la détention, accompagnés de secours religieux.

226. — *D.* Pensez-vous que le repentir efficace — et la réhabilitation, soient toujours possibles ?

R. Peut-être existe-t-il de telles perversités de nature qui ne permettent pas une réponse affirmative.

Il faut admettre que les cas de cette espèce font exception.

XVI.

CONCLUSION.

227. — *D*. A quels signes principaux reconnaître la décadence de la république?

R. *Si* l'ordre, la paix, la liberté, la sécurité n'existent pas complètement;

Si le peuple, pour sa plus grande partie, est malheureux, ignorant, sans mœurs ni religion, et qu'une portion importante des autres classes de la société, soit égoïste, intrigante, ambitieuse et sans moralité;

Si la loi souffre les désordres des clubs démagogiques, les excès anarchiques et mensongers de la presse, les attaques calomnieuses qui tendent à l'avilissement du pouvoir;

Si celui qui remplit le mieux ses devoirs publics et privés, n'est pas le mieux estimé;

Si l'opinion continue d'honorer la richesse seulement, sans avoir égard à son origine, ni à son emploi;

Si les élections sont mauvaises;

Si les armées perdent le sentiment de l'honneur, de l'obéissance et de la discipline;

La république périra, les sectes anarchiques se déchireront sur ses ruines, sans pouvoir défendre la France affligée et humiliée, qui deviendra alors la proie des autres nations.

Dans les suppositions contraires,
La république sera forte et prospère.

TABLE.

Cosne, impr. de GouDKT.